丛书编委会

大家精要

杜威

刘陶 刘悦笛 著

Dewey

陕西师范大学出版总社

图书代号 SK17N0238

图书在版编目（CIP）数据

杜威/刘陶，刘悦笛著．—西安：陕西师范大学出版总社有限公司，2020.1（2024.1重印）

（大家精要）

ISBN 978-7-5613-9906-4

Ⅰ．①杜… Ⅱ．①刘… ②刘… Ⅲ．①杜威（Dewey, John 1859—1952）— 思想评论 Ⅳ．①B712.51

中国版本图书馆CIP数据核字（2018）第059322号

杜威　DU WEI

刘　陶　刘悦笛　著

责任编辑　陈柳冬雪
责任校对　郑若萍
封面设计　张潇伊
出版发行　陕西师范大学出版总社
（西安市长安南路199号　邮编 710062）
网　　址　http://www.snupg.com
印　　制　永清县晔盛亚胶印有限公司
开　　本　650 mm × 930 mm　1/16
印　　张　10
字　　数　100千
版　　次　2020年1月第1版
印　　次　2024年1月第2次印刷
书　　号　ISBN 978-7-5613-9906-4
定　　价　45.00元

电话：（029）85303879　　传真：（029）85307864　85303629

目　录

引言 杜威的复兴与复兴的杜威

约翰·杜威（John Dewey）是代表了美国新大陆思想的哲学巨擘，他又与中国这个古老的国家建立了独特的思想关联。将杜威称为除了卡尔·马克思（Karl Marx）之外在中国“最具影响力”的西方思想家似乎也不为过。

由于历史的原因，杜威在中国的知名度甚高，无论是民国时期对他教育理念的正面接受，还是共和国初期对他的实用思想的反向批判，作为最具美国特质的思想家，杜威独特的思想，已渗透到20世纪中国发展的历史进程当中。

杜威的影响在西方世界，几乎遍布各个思想领域，他的名字被赋予了各种头衔。他是美国实用主义哲学（Philosophy of Pragmatism）的典型的代表，他是芝加哥社会学派（Chicago School of Sociology）的创始人，同时，他也是机能主义心理学（Functional Psychology）的奠基者。

从改造经验出发，杜威提出了经验的自然主义与自然主义的经验主义；从改造哲学出发，他提出了一整套的试验主义方法和实用主义体系；从改造社会出发，他在伦理学、价值论、美学、社会哲学、政治哲学和宗教哲学领域都颇有建树，并对不同的学科都产生了重要而深刻的影响。

由此可见，杜威不仅是20世纪一位具有深度的，而且还是具有广度的影响了人类进程的“伟大的人”。

从哲学和人文的地理学角度观之，如果将整个西方的哲学和思想分为旧大陆与新大陆两块的话，那么谁才是代表了整个欧洲大陆的哲学家和思想家呢？究竟谁才是哥伦布所发现的那片新大陆上具有标志性的哲学家和思想家呢？

谁能代表整个欧陆的哲学和思想？答案一定是众说纷纭。如果就这个问题在哲学和思想圈内外进行问卷调查的话，可以肯定，从苏格拉底（Socrates）、柏拉图（Plato）、亚里士多德（Aristotle）直到20世纪的哲学群星们都拥有众多的拥趸，大家协商和博弈的结果，最终只能形成一种犹如星丛璀璨般的群雄争霸的局面。

但是，谁能领航整个美洲的哲学？如果是多选题的话，这个位置里，一定有美国思想大师杜威。

当然，从被公认为第一位哲学家的米利都人泰勒斯（Thales）提出“水生万物”算起，旧大陆哲学已有两千五百多年的悠久历史，而新大陆哲学即使从美利坚建国开始算起，它真正形成也只有两百多年。然而，美国哲学家却以其敢于创新的勇气，将新大陆思想拉到了崭新的高度，杜威就站在这思想的巅峰位置。

如果再缩小范围，在整个20世纪的哲学家中进行选择的话，哪些哲学家和思想家在世界上才是最伟大的呢？对于这个问题，答案可能还是相对集中的。当代著名哲学家理查德·罗蒂（Richard Rorty）只推举出三位哲学家作为回答，那就是维特根斯坦（Ludwig Wittgenstein）、杜威和海德格尔（Martin Heidegger）。

这三位最伟大的哲学家的思想，都不是无所本源。从思想的来源上来看，在维特根斯坦之前，分析哲学（analytic

philosophy）的鼻祖是弗雷格（Friedrich Ludwig Gottlob Frege）；在海德格尔之前，现象学（Phenomenology）的祖师是胡塞尔（Edmund Husserl）；而在杜威之前，实用主义的开拓者是皮尔士（Charles Sanders Peirce）和詹姆斯（William James）。但显而易见的是，海德格尔这位德国哲学天才占据了欧洲大陆哲学的中心地位，更多生活在英伦孤岛的维特根斯坦引导了英美分析哲学的潮流，而杜威则独踞美洲大陆引领了实用主义的主流。

然而，有趣的是，欧洲大陆与英伦传统却是同根同源的。比如，在探寻分析哲学的起源之时，欧洲大陆哲学与分析哲学实际上源头是同一的，英美分析哲学最初也应被称为英奥分析哲学。这是因为，在德国威权统治者希特勒上台之前，分析运动并非英国现象而是中欧现象，只是到后来欧洲大陆的才与分析传统分离开来。

如此看来，只有杜威所代表的美国实用主义哲学，才是自立于欧洲门户之外的新哲学，尽管这种哲学传统从更广阔的历史背景上看亦是源自欧洲，但是它摆脱传统的独创性却是非常明显的。所以说，美国人也喜欢把他们的哲学唤作新大陆的新哲学。

更有趣的是，新大陆在美国哲学界并非仅仅是地理学的概念，它常常被一个替代性的名词——新世界（New World）所取代。这也就是说，美国人又将这种本土传统的哲学称为新世界的哲学，似乎欧洲大陆传统的哲学就归属于旧世界的哲学了。由此可以看出，美国人创造自身哲学的雄心伟志。

所以，海德格尔在遥望大洋彼岸美国主义的时候，尽管认定美国主义仍是某种欧洲之物，但又不得不承认，美国哲学思想这个“至今尚未被充分理解的庞然大物”，根本没有从现时代那业已完成的、得以积聚的“形而上学本质之源发地”发生出来。这意味着，在海德格尔的眼中，“美国人借实用主义对美国主义进行的解释仍然是处在形而上学领域之外”。

所谓“不在形而上学之内”的评价，可以被视为一种贬损，但反过来看，其实也是某种褒扬。这种在欧陆哲学传统之外自立门派的哲学，在海德格尔所处的时代看来就像“庞然大物本身尚未成形”，但这低估了与海德格尔颉颃的那位“成形者”——实用主义的最大哲学家、最美国化的哲学家杜威的思想。这两位大思想家的思想，还是有异曲同工之妙的。

如今，无论是旧的欧陆、新的美陆还是中国大陆，都面临着“杜威的复兴”的浪潮。这个浪潮，起于美国的新实用主义，既波及了欧陆的旧有哲学，也旁及了东亚的新兴哲学。

所谓的“复兴”，顾名思义，就是兴而再。杜威在美国与在中国似乎都面临着相似的命运，但实际上兴衰的路数却迥然不同。

20世纪中叶之前，杜威无可置疑地引导着美国的古典实用主义（the classical pragmatism）的主潮，而这种思潮在前半世纪的美国，毫无疑问地位居主宰。杜威虽然在理性思维上承继了皮尔士和詹姆斯，却后来者居上；尽管在感性经验上承继于爱默生和梭罗，却以巧思胜之。

从古典实用主义的脉络上着眼，皮尔士心仪于科学，詹姆斯醉心于宗教，而杜威则偏重于教育和政治。换句话来说，与皮尔士那种科学家般的严谨、詹姆斯那种有宗教情结的虔敬不同，杜威的诸多工作都是在科学和宗教之外来完成的，他关注文化教育和政治改革。他的思想对于后世的道德、政治、社会和教育思想之影响尤甚。

这恰恰说明，杜威的思想是知行合一的，他在用自己的生活道路和理论实践来验证实用主义的一条基本原则——要成为“行动的哲学”“生活的哲学”和“实践的哲学”。

1928 年杜威的半身铜像在哥伦比亚大学落成，在次年七十寿辰当中，杜威首先对两千多名前来祝寿者表示感谢，并表示享受这种受到尊重的愉悦，但同时他也表达了疑惑，说人们对他思想意义的估计是不是过高了。所谓花无百日红，在杜威仙逝之后不久，他的思想被美国乃至世界逐渐遗忘。最初是美国人在看到苏联的卫星上天之后，将自身教育的落后归咎于杜威的教育思想，而后从哲学、心理学到社会学的各个领域，都出现了反叛杜威的主流倾向。

杜威为何会被遗忘？这首先就要从杜威自身找毛病。根本的原因就在于杜威思想本身。在杜威的生前，他与詹姆斯都已发现，他们的思想往往处于两面不讨好的境地：政治上，一面是左翼的攻击，另一面是右翼的攻击；哲学上，一面是经验主义的攻击，另一面是唯心主义的攻击。具体来解析，左翼是来自分析哲学创始人之一、英国哲学家罗素（Bertrand Russell）的攻击，右翼则受英国的新黑格尔主义哲学家布拉德雷（Francis Herbert Bradley）的攻击，但杜威始终坚持两面应战。

实际上，被攻击就是被关注，在这种两面夹击的局面之后则是杜威被普遍遗忘，被遗忘而非被攻击才是可悲的。这是因为，从 20 世纪中叶开始，随着维也纳学派的逻辑实证主义（logical positivism）如日方升，分析哲学就已经在美国大学的哲学系攻城略地并拔得头筹了。当分析传统安居主流之时，哪还有实用主义者安身立命之处呢？但事实证明，后来美国哲学中分析传统之所以独特发展，恰恰在于其与实用主义之间进行了某种本土化的嫁接。

历史证明，任何一种思想，攀上顶峰之后必然会走向衰落，成为主流后往往就会被庸俗化。杜威的哲学也是盛极而衰，更何况他已将更多的精力投入教育改革和政治革新等实用性事业中去了。在被分析哲学的主流趋势压倒之后，杜威的思想就因为其论证方式的模糊、保守主义的基本倾向及其在大学校园当中不受欢迎而迅速退出了，甚至哲学家本人也曾被谑称为“死狗”一条。

比照之下，再来看杜威在中国的命运。杜威生前不仅曾到过而且非常关心东亚社会，他的思想在东方也经历了盛极而衰的过程，特别是在中国，杜威的命运可谓坎坷多舛。

胡适在《杜威先生与中国》一文中就评价说，自从中国与西洋文化接触以来，没有一个外国学者在中国思想界的影响有杜威这样大。如果这种判定没错的话，那么可以认定，杜威的实用主义思想要较之罗素的实证主义，更能争取中国人的“心”。事实也正是如此，毕竟前者的实用较之后者的实证更适用于中国。

当然，这种中美之间的影响也是交互的，杜威的女儿简·杜威（Jane Dewey）也曾回忆说：“不管杜威对中国的影响如何，杜威在中国的访问，对他自己也具有深刻的和持久的影响，中国作为杜威所深切关心的国家，仅次于他的祖国。”

然而，随着1951年“批胡（适）运动”的展开，杜威的思想也随着胡适而身价暴跌，胡适被认为是杜威在中国的最大弟子，到20世纪80年代初谈杜威似乎仍是禁区。在哲学和思想方面，这一对师生的罪状被定为：用实用主义对抗辨证唯物主义，用“有用就是真理”否认“真理的客观性”，用唯心史观对抗唯物史观，用改良主义对抗社会革命论。有趣的是，胡适并不完全是真正的实用主义者，他从老师杜威那里仅学来了方法论，并没有学哲学之道。胡适转居台湾后，他的自由主义做派，也因“《自由中国》事件”而在台受到短暂的围剿。

更具有历史悖谬意义的是，与杜威在中国的定性刚好相反，他在美国本土被看作具有左翼色彩的思想家，并由于其政治立场而一度被排斥在边缘；然而在中国大陆，他却理所当然地成为极右的“美国垄断资产阶级的代言人”。这到底是左还是右?

从哲学和思想的传承来说，反倒是罗素还有几位默默的“传人”，而杜威的影响大概更多在教育界而非哲学界。看一看他的传承弟子就可以知道了，陶行知、蒋梦麟、郭秉文等都是清一色的教育家。而且，实用主义哲学作为方法被援引与作为思想被传承也是两码事，真正的实用主义中国传人在当时可谓少矣，这与如今许多中国人热衷研究杜威的实用主义形成了鲜明的对照，杜威在中国的复苏可谓晚矣。

目前，美国与中国都出现了重读杜威、重思杜威、重释杜威的新趋势，但是这种复兴的语境不尽相同。在美国大陆，实用主义的命运是同分析哲学相伴的，随着分析哲学开始呈现出衰颓之势，实用主义家们就像早期维特根斯坦用其哲学方法为哲学治病一样，成为给分析哲学本身开出药方的医师。

在中国，随着改革开放和重引西学，哲学研究也逐渐回归学术本位，杜威的思想也在被褪去政治批判色彩之后被重新发现。当然，中国哲学和思想界始终没有经历过欧美语言学转向的洗礼，对杜威的重新关注，恐怕一方面是同中国传统哲学的实用理性相关，另一方面则与受到马克思思想影响的实践哲学相系。

然而，杜威的复兴之路，该怎样走?走向何处?或者可以这样去追问，杜威的复兴与复兴的杜威之间的关系，究竟是怎样的?这就是此书的核心问题。杜威思想不是博物馆化的死东西，而是延续至今并可创造转化的活东西。

在我们看来，杜威的思想就犹如一本精彩纷呈、丰富深厚的“大书”，阅读杜威、理解杜威、阐释杜威的途径无疑是多种多样的，而这本小书所能做的，无非就是提供出杜威思想路线图而已。就是试图在杜威的复兴的语境之下，为读者呈现出这位被复兴的杜威的原貌，所采取的乃是一种通俗易懂的笔法。

敢问书山之“路”究竟在何方？路就在读者自己的脚下。让我们一起通过这本小书，来翻开杜威思想这本“大书”吧！

第 1 章

思想新大陆与新大陆思想家

杜威是这样一位独特的哲学家和思想家，他不仅像大多数哲学家和思想家那样在书斋里进行文字创作，而且，走出书斋在广阔的天地之间进行生活的创造。所以，描述杜威的生平可能与许多哲学家不同，书斋哲学家的传记可以基本概括为“他出生—他写作—他死亡”，而杜威的思想与生活，相形之下是那么丰富多彩！

我们还是采用最权威的《杜威全集》中的线索，用这宏大的全集中的分期方式，来描述杜威宏伟的一生。《杜威全集》包括五卷早期著作（1882~1898）、十五卷中期著作（1899~1924）和十七卷晚期著作（1925~1953）。当然，我们还是要从他从事著述之前的生活谈起，毕竟每个哲学家和思想家在成就自身之前都有一个成长的过程。

早期：启蒙与开创（1859~1898）

1859 年 10 月 20 日，杜威出生于美国佛蒙特州的伯林顿（Burlington）。巧合的是，就在这一年，独创出进化论的达尔文（Charles Darwin）出版了其恢宏巨著《物种起源》（*Origin of*

Species）。不曾想，达尔文的进化论对长大后的杜威产生了根本性的影响。

杜威诞生在美国一个中产社会阶级的杂货商家庭，先祖为英格兰人，他的六世祖率先踏足这片新大陆。由于杜威家乡的人民“娴于自治”“崇尚自由”“笃信民主”，因而，杜威从小就沐浴在新英格兰殖民区这种传统精神和精神传统当中，这些对于建立杜威成熟时期的政治和社会思想有积极作用。

与许多哲学家一样，儿时的杜威天性害羞但天资聪颖，好学深思且手不释卷。他在伯林顿市公立学校读完小学至高中的课程。1875 年，在父母的鼓励下，16 岁的杜威就近进入佛蒙特大学就读，并于 1879 年获得了学士学位。有趣的是，当时规模尚小的佛蒙特大学仅仅毕业了十九人。在大学四年期间，杜威涉猎广泛，对各门学科都表现出了浓厚的兴趣，这为他日后在广阔的人文科学与社会科学领域取得发言权，奠定了坚实的基础。

按照当时大学的规定，古典语文和希腊文都是必修课，杜威不仅修读了拉丁文、古代史、解析几何和微积分，而且在三年级，还接触到了地质学和动物学等自然科学课程。其中，生物学家赫胥黎（Thomas Henry Huxley）在生理学教程中所讲述的进化论思想和生物与环境理论，对杜威具有特殊的激发意义。

杜威真正意义上接触哲学课程，已经到了大学四年级。一位并不知名的哲学教授陶瑞（H. A. P. Torrey），成为他哲学方面的启蒙老师，从此杜威发现并进入哲学这个对他来说全新的世界。

大学毕业之后，杜威的志向还是做“人类灵魂的工程师”，但因自身经验不足与秋季学校已开学，他一时很难觅得教职，多亏在宾夕法尼亚州南部石油城担任中学校长的表兄来电报邀请他任教。在20世纪人类思想史上，大多数哲学家的教学生活都是从大学到大学，只有杜威与维特根斯坦曾“屈就”于初级教育并乐于此道。在从教一年之后，杜威又回到本州的夏洛特镇一所乡村学校继续任教。在一边教学一边研读哲学史的过程当中，杜威幸运地结识了哈利斯（W. T. Harris）教授。

这位哈利斯教授并非无名小卒，他是1880年之后美国本土唯一的哲学杂志——《思辨哲学杂志》（*The Journal of Speculative Philosophy*）的主编。由于哈利斯教授本人是黑格尔的忠实信徒，杜威又曾受其影响，因而，这本期刊的思想取向对杜威也产生了一定的影响。于是，在1882年，杜威生平第一篇哲学论文《唯物主义的形而上学假设》得以刊发在《思辨哲学杂志》上。后来，杜威连续撰写的两篇论文在该刊物上陆续发表，这极大地激发了他投身于哲学事业的热忱。

1882年秋天，杜威在约翰·霍布金斯大学（Johns Hopkins University）两度申请奖学金未果之后，在陶瑞和哈利斯的鼓励下，借钱自费开始了其哲学研习生涯。在这一时期，杜威既受到了倡导新黑格尔主义的莫里斯（George S. Morris）的诸多影响，又受到了发展心理学创始人霍尔（Stanley Hall）和实用主义哲学家皮尔士的直接教导。

当时该大学校长吉尔曼（D. Gilman）广纳贤才，崇尚自由讨论，推崇独立思考，倡导公开辩论，这都对杜威形成独立见解提供了良好的机遇和环境。1884年，杜威获得博士学位，博士论文题目为《康德的心理学》，这已经展现出杜威早期所关注的两个基本领域——哲学和心理学，但不幸的是，这篇博士论文后来遗失了。如果我们能找到这篇博士论文的话，可以更清晰地追溯杜威的思想渊源和发展脉络。

在获得学位之后，吉尔曼曾在办公室召见杜威，鼓励他继续深造。在莫里斯的引荐之下，杜威进入密歇根大学（University of Michigan）哲学系，任哲学和心理学讲师，正式开始了哲学研究和教育生涯。

1886 年，杜威与艾丽斯·奇普曼（Alice Chipman）结婚。杜威的女儿简·杜威曾这样归纳杜威夫人对杜威的影响：正是奇普曼促使了杜威“早期的哲学兴趣的扩大”，也就是从“评论的和古典的领域”扩大到“现实生活的领域”。

次年，杜威的第一本专著《心理学》（*Psychology*）也得以出版。这本美国第一部心理学教程，在当时的学界非常具有原创性，直到 1890 年詹姆斯《心理学原理》（*The Principles of Psychology*）出版之后，它才黯然失色。

1888 年，杜威受聘于明尼苏达大学（University of Minnesota）。1889 年，在他的老师莫里斯逝世后，杜威复返密西根大学任教，后来出任哲学学会主席。杜威在密西根工作了十年，其间他在哲学上主要致力于黑格尔和新黑格尔主义哲学研究，同时，在心理学上对斯坦利·霍尔和詹姆斯在美国提出的新实验生理心理学进行了深入的研究。

1894 年，杜威转任芝加哥大学（University of Chicago）哲学、心理学系主任，1902 年到 1904 年还短期兼任教育系主任，从而开始在美国确立了地位。在芝加哥大学任教期间，他与另一位心理学家詹姆斯·安吉尔（James Rowland Angell）共同倡导机能主义。1896 年，杜威发表的一篇非常重要的论文《心理学中的反射弧概念》，成为该学派的奠基之作，并使该校成为 20 世纪初美国机能主义心理学的中心，这就是著名的心理学上的芝加哥学派。

杜威还在芝加哥大学的哲学系创立了哲学会，他从 1895 年到 1896 年担任了该会的会长，对实用主义哲学进行了普及工作。从当时的情况看来，芝加哥可谓是实用主义的大本营，杜威的朋友与学生基本上都倾向于实用主义，他们也共同推动了实用主义在哲学、教育学、心理学、社会学等诸多领域的普及工作。

1895 年，杜威在教育事业上开始获得了巨大的成功，他和妻子进而创办了实验学校，建校的理论准备就是杜威阐明学校教育与社会生活紧密联系的三次公开演讲。该实验学校最初的名称是“大学初等学校”（University Elementary School），这就是名闻遐迩的“杜威学校”（Dewey School），它被誉为人类教育史上第一所实验学校。

杜威对这所实验学校投入甚巨，并以之为从事教育实验和改革实践的开端。众所周知，哲学和心理学对于教育来说无疑是具有指导性的学科，于是，这所学校被杜威用以“检验作为工作假设的来自某些哲学和心理学的思想”，当然这些哲学与心理学思想都是杜威的独创。

1897 年，杜威的《我的教育信条》（*My Pedagogic Creed*）一书出版，展现了杜威教育思想的成熟理念，一种具有美国特色的新的教育思想。实际上，早在 1893 年，杜威的教育思想就已具雏形，他在发表的第一篇关于教育原理的论文《作为道德理想的自我实现》当中，已明确提出了“教育即生活”的准备性观点。1899 年，杜威的《学校与社会》（*The School and Society*）一书出版，成为教育学的经典著作之一。

1898 年，杜威当选为美国心理学会（American Psychological Association）会长。杜威早年就已经在哲学、心理学和教育学领域崭露头角，他的早期思想对于美国的重要性的确不可小觑，这奠定了他作为美国思想核心角色的基础。

单从哲学与教育学的角度来看，著名教育学家威廉·克伯屈（William Heard Kilpatrick）说：“就杜威在哲学史上的相应地位来说，我把他放在仅次于柏拉图和亚里士多德的位置上。至于他在教育哲学史上的地位，依我看来，他是世界上还未曾有过的最伟大的人物!”

中期：拓展与深化（1899~1924）

然而，杜威一帆风顺的日子并不长久。人的一生，也是顺境与逆境交替存在的，正如经验本身也是动荡与稳定结合那样。

最初是杜威学校的财务出现了问题，但杜威并不赞同校长增加学费与增收学生的建议；然后是 1901 年由于校长职位空缺，杜威在未得到芝加哥大学校长允许之下，推荐了夫人奇普曼担任校长。此后的 1904 年，由于有人对实验学校的归属问题表示异议，杜威续聘奇普曼三年的提议遭到拒绝，杜威遂提交辞呈。杜威学校的命运危在旦夕，杜威和他的家人也面临未来的生活道路如何走的难题。

在芝加哥经营了十年之久并打造出美国著名的芝加哥学派之后，离开芝加哥的杜威前程未卜。他写信给当时心理学界的权威詹姆斯力陈原委，此时，友谊的力量便显现了出来。在詹姆斯和卡特尔（J. Mckeenl Cattel）的联合协助下，杜威在哥伦比亚大学谋得了教职。

与在芝加哥的境遇不同，芝加哥学派大都是杜威的同事或者学生，大都接受了杜威工具主义的影响，但是哥伦比亚大学的同事则与杜威形成了竞争关系。于是，杜威推掉了行政事务而专注于学术研究，这形成了杜威教学生涯最稳定和最长久的一段时期。杜威的推荐者或许并未想到这段经历对于美国哲学和思想的重要意义，然而这确实给一位伟大哲学家提供了开拓思想的稳定空间。

1905 年，杜威当选为美国哲学协会（American Philosophical

Society）会长。1910 年，杜威又当选为美国国家科学院院士，这也是一份至高的荣誉。对于杜威，这个荣誉似乎来得过早了一些，因为当时杜威的哲学和思想创造尚未到高潮阶段。实际的情况是，实用主义的另一位先驱詹姆斯主动举荐杜威做院士的。

杜威与哥伦比亚大学的缘分竟持续了四十七年之久，直至1930 年作为荣休教授离职后，杜威仍被该校聘为名誉教授至1939 年。但他在进入哥伦比亚大学之初，就从对心理学的关注，更多地转向了对哲学、教育和社会的基本问题的深入研究。

在哥伦比亚大学期间，杜威著作颇丰。1909 年出版了《德育原理》（*Moral Principle in Education*），1910 年出版了《我们怎样思维》（*How We Think*），1916 年出版了《民主与教育》（*Democracy and Education*）。《我们怎样思维》，是杜威为小学教师写的，在民国时期被翻译成中文，书名为《思维术》；《民主与教育》（旧译通常为《民主主义与教育》）则是在早已出版的那本《我的教育信条》框架基础上写成的，全书以工具主义贯穿，完成了杜威初步完整的思想体系。

出于对自由的向往和信念，1912 年，当妇女选举权问题成为美国政治焦点的时候，杜威公开赞成妇女选举并做了著名讲演。历史的趣事还有，作为男人的杜威却举了这样一面牌子——“男人可以选举，何独我不可以？”

杜威在 1914 年还推动了目前依然生机勃勃的全美大学教授协会（The American Association of University Professors）的组建，并在 1915 年担任了该协会的第一任会长。这个著名的 AAUP 的建立，不仅力图维护教师的权益，而且积极争取教育专业化的实现，杜威的学术自由理念更在其中扮演了重要的角色。

1917 年，哥伦比亚大学董事会擅自开除了两位反战教授，而并未咨询九位委员会成员的意见，杜威就是这九位成员之一，他因此毅然辞去了委员的职位，这也是将他的自由理念直接付诸实施的结果。

在大学任教的时期，也是杜威的教育思想逐步走向国际化的时期。杜威的学生不仅遍布美国学界，而且，杜威夫妇对中国学生一直十分友好，中国新文化运动的领军人物胡适、陶行知、蒋梦麟、郭秉文等都出自他的门下。

杜威的日本学生尾野博士，促成了杜威1918~1919学年休假期间到日本东京帝国大学讲学，他所做的长篇连续演讲的总题目就是《哲学的改造》。可惜的是，当时日本学界深受德国理性观念的影响，演讲并未获得应有的关注，听众也从千人剧减到三五十人，但杜威仍带着热情在日本做讲座和演讲。

杜威的演讲稿随后整理成著名的《哲学的改造》(*Reconstruction in Philosophy*, 1920)。这本著作在杜威的哲学生涯中地位显赫，其哲学的研究工作延伸到经验、社会、艺术、伦理、逻辑与宗教等各个领域。

1919年4月，杜威在做完原定八次演讲的第六次后，收到了得意门生胡适从中国发来的信函，邀请他来中国。也曾受教于杜威的蒋梦麟、郭秉文等人，就近登门拜访，邀请他于日本讲学完毕后来华讲学一年。

就这样，从1919年开始，杜威在中国奉天（今沈阳）、直隶（今河北）、山西、山东、江苏、江西、湖北、湖南、浙江、福建、广东等各地讲学，步履遍及大江南北十一个省市，时间也有两年之久。由胡适与其他中国学人担任翻译和介绍，杜威得以通过讲学，将他的教育理念和哲学思想直接在中国传播，这在西方哲学家来华史当中的确是鲜见的。

杜威在中国所受到的欢迎，那也绝对是空前的，到目前为止也是绝后的。他在北京所做的系列讲演还被汇总为《杜威五大讲演》，具体包括《社会哲学与政治哲学》《教育哲学》《思想之派别》《现代的三个哲学家》和《伦理讲演纪略》，由北京晨报社出版，并在杜威离华之前被重印了十次，每版的印数都是上万册。杜威在当时的中国所产生的轰动效应，可谓是前无古人、后无来者的。

杜威的声誉在中国逐渐达到了顶点，尽管他基本的哲学思想、政治理念和教育试验，在某种程度上受到了某种意义的“误读”。他声誉巅峰的标志是，1920 年被当时国立北京大学授予法学博士学位，并被赞誉为“孔子第二”（second Confucius）。这无疑是给予一位外国哲学家和思想家在中国的最高褒扬。

1921 年 6 月 30 日，北京的教育界人士在中央公园为杜威夫妇一家饯行。其中，中国启蒙思想前驱者梁启超的发言非常独特，他盛赞杜威为中国做出的贡献，可与千余年前之鸠摩罗什相媲美！

晚期：耕耘与收获（1925～1952）

1925 年，杜威已 66 岁，他的声誉无论在美国国内还是国外，都达到了鼎盛，这正是这位哲学家的收获年代。

从国际交流情况来看，1924 年，杜威应邀到土耳其协助教育改革，几年后又到墨西哥，既在墨西哥大学做学术讲演，又在当地做了实地的教育考察。1928 年夏天，以杜威为团长的美苏文化协会组织的美国教育家访问团，访问考察了苏联的教育情况。

随着在国际社会上的声誉提升，在 78 岁高龄的时候，杜威还到墨西哥为托洛茨基（Leon Trotsky）辩护，最终委员会定其为无罪。值得一提的是，杜威毕生都在维护学术自由，这从他 1914 年组织成立纽约教师联合会（The New York Teachers Union）为教师维权时就已开始了。

在 1941 年，他因英国著名哲学家罗素受聘美国纽约城市大学遭拒绝一事，挺身而出为之辩护并协助编印了抗议文集。尽管分析哲学与实用主义哲学的思路在当时是冲突的，尽管罗素对杜威的思想还有过尖锐批评，但杜威并没有囿于思想之局限，而是采取了开放的姿态。

1923 年，杜威被推举为法国学术院道德与政治学会哲学组的通讯院士。1928 年，杜威的半身铜像在哥伦比亚大学落成。1930 年，杜威接受巴黎大学名誉博士学位，授予仪式上的颂词赞誉杜威为“美国天才最深刻最完全的表现”。

如前所述，杜威自从从哥伦比亚大学荣休后，校方考虑到杜威的声望及其给哥伦比亚大学所做出的巨大贡献，决定聘杜威为名誉教授。

1939 年杜威辞去名誉教授职位。我们可以惊奇地发现，此前的十年间，杜威的创造力似乎更为汹涌地喷发出来，这可以用杜威密集地发表著作来加以证实：

1925年出版了《经验与自然》(*Experience and Nature*)；

1927年出版了《公众及其问题》(*The Public and Its Problems*)；

1929年出版了《确定性的寻求》(*The Quest for Certainty*)；

1930年出版了《新旧个人主义》(*Individualism Old and New*)；

1931年出版了《哲学与文明》(*Philosophy and Civilization*)；

1934年出版了《艺术即经验》(*Art as Experience*)；

1934年还出版了《一种共同信仰》(*A Common Faith*)；

1935年出版了《自由主义与社会行动》(*Liberalism and Social Action*)；

1938 年出版了《经验与教育》(*Experience and Education*)；

1938 年还出版了《逻辑：探究的理论》(*Logic: the Theory of Inquiry*)；

1939 年先出版了《自由与文化》(*Freedom and Culture*)；

1939 年完成的《评价理论》(*Theory of Valuation*)。

根据 1942 年的统计，杜威在当时出版的专著有三十几种，论文 815 篇，其创作力之充沛，实足惊人！值得关注的是，杜威的若干重要著作来自所做的一系列讲座。其中，1922 年所做的保罗·凯洛讲座（Paul Carus Lectures）被整理为《经验与自然》，1929 年在爱丁堡大学所做的吉福德讲座（Gifford Lectures）被整理为《确定性的寻求》，1931 年在哈佛大学所做的詹姆斯讲座（William James Lectures）被整理为《艺术即经验》，1934 年在耶鲁大学所做的讲座被整理为《一种共同信仰》。杜威在他的讲学岗位上也尽了应尽的职责，由这几个讲座所形成的著作都堪称经典。

杜威一辈子笔耕不辍，他学术著作的目录就多达 125 页，在他 80 岁时还出版了与他人合著的《认知与所知》(*Knowing and the Known*)。

1929 年，杜威七十寿辰那年，美国相关人士成立了一个“庆祝杜威七十寿辰全国委员会”。耶鲁大学时任校长詹姆斯·安吉尔（James Rowland Angell）担任主席，他也是杜威昔日的学生。遍及全国各地的朋友、同行、同事、学生及社会各界人士，汇聚起来举行了两天的庆祝会，分为“教育活动中的杜威”“杜威的哲学”“杜威与社会进步”三个专题会场，参加人数最多时竟达到了 2500 人，可谓盛况空前。

1939 年，杜威八十寿辰那年，除了出版了祝寿文集《杜威哲学》之外，当时中国驻纽约总领事还代表民国政府授予了杜威一枚玉质勋章。

1949 年，杜威九十寿辰那年，世界各地政要包括印度时任总理尼赫鲁（Jawaharlal Nehru）都前去祝寿，美国时任总统杜鲁门颂其为“美国人民的顾问、良心和导师”。

有趣的是，杜威在他生前俨然成了“美国的圣人”，但是美国人却忘记了他曾遭受那么多来自本土的指责与攻击。而且，他对于美国的批判与反思，才真正令美国人汗颜。

晚年的杜威，各种各样的荣誉纷沓而至。1932 年，杜威被哈佛大学授予名誉法学博士学位，并被美国教育协会选为名誉会长。1939 年，杜威出任拥护文化自由委员会第一任主席，并被推举为美国工业民主同盟的主席，美国哲学学会还授予他终身名誉主席职务。1946 年，挪威奥斯陆大学授予他哲学博士学位，美国宾夕法尼亚大学又授予他名誉科学博士学位。1951 年，耶鲁大学也授予他文学博士学位，同年，获得罗马大学荣誉博士学位。

杜威可以说是在生前就享受顶级荣誉的世界级思想家，这也许是因为，杜威本人不同于大部分西方哲学思想家，他们的理论与实践往往是割裂的，杜威却将他的实用主义原理在现实生活中进行了一贯的应用。

1952 年 6 月 1 日，杜威因肺炎去世于纽约市第五大道 1158 号的家中，享年 93 岁。这位高寿的哲学家和思想家，结束了“一生的传奇”与“传奇的一生”，终于闭上了双眼。

第 2 章

哲学的改造与改造的新哲学

杜威这位被认为是最美国化的哲学家，拥有一种从根本上“改造”一切哲学的雄心壮志。他自认为这是在实现一场“哥白尼式的革命”，这是一场伟大的革命，就像从托勒密的宇宙体系转向了哥白尼的宇宙体系，也就是从原来认为地球是宇宙中心转向了以太阳为中心。

杜威对哲学的彻底改造，起码包括两个方面：一方面，是对过去的哲学传统的全面而系统的批判；另一方面，则是对崭新的哲学理念的系统而全面的重建。我们不妨称前一种“被改造”的哲学为旧哲学，后一种“改造后”的哲学为新哲学。

改造旧哲学与新哲学，这都关系到对哲学如何理解的问题。但在杜威那里，“哲学是什么”的这种看似形上的本质问题，似乎总是被转化为“哲学是做什么的”这样的实践性问题。当然，本质的问题又是同本源的问题息息相关的，那么，哲学来源于何处呢？我们就从哲学的根源谈起，由此出发，来深描杜威究竟是如何改造哲学的，改造之后的哲学又是什么样子的？

哲学根源："生活压力和张力"

在欧洲大陆，古典哲学是人类最早的哲学形态。那么，最早的哲学，究竟是如何发源的呢？杜威曾经对哲学之源做过这样的明确表述：古典哲学在"惊异"（wonder）当中被意识到，又在"闲暇"（leisure）当中得以产生，并成长于"完美的沉思"（consummatory contemplation）当中。显而易见，这一表述有三个关键词语，即"惊异""闲暇"和"完美的沉思"，我们就从这些关键词入手，来解析杜威哲学的起源观。

从表面上看，杜威的这种想法基本上延续了古希腊哲思的一种基本主张："惊异"乃哲学的起源。古希腊哲学著名的"双子星座"——柏拉图与亚里士多德都认为，哲学就源于对自然万物的"惊异"。然而，哲学仅仅拥有对于万物的好奇心还远远不够，亚里士多德在他的名著《形而上学》开场部分，将哲理探索的条件又增加了一条，那就是，还要拥有"闲暇"的时间，否则，就没有时间去思考。"惊异"与"闲暇"，这两点皆被杜威整合了起来，但是他并没有主观地认定哲学源于"惊异"，而只是客观地认为哲学是在"惊异"中被意识到的，并将"闲暇"当作哲学产生的必要条件，而更趋于将重点放在哲学的生长方面：哲学只能成长在"完美的沉思"当中，这才是哲学得以成型的最关键的要素。

然而，古希腊哲学之所以将自身置入"闲暇"的生活当中，还在于古希腊生活本身的一种割裂。可以说，到目前为止，这种割裂也仍是一种现实的存在。这种生活的割裂在亚里士多德的《政治学》当中得到了明确地表示：生活被割裂为"事务"与"闲暇"，"战争"与"和平"，"趋向于有用的、需求的行动”与“趋向于美的行动”。于是，古典哲学被称为“真理的知识”自属确当，这是由于，理论的目的就在于真理，而实用知识的目的则在于它们的功用。

如果说，在“惊异”与“闲暇”的哲学之源上，杜威是基本认同古希腊哲学观念的话，那么，在对哲学的基本理解上面，却几乎走到了亚里士多德的反面。杜威所反对的，恰恰就是古典哲学所建基于其上的理论与实用、真理与功用的“两分法”，他试图以一种经过改造之后的哲学，将本已断裂的“二元”重新统一起来。

于是，杜威对于哲理探索的现实来源问题，就没有像从古希腊传至今的哲学传统那样，将其塑造成高蹈于生活之上的至高境界，而是采取了直接回到生活当中去找寻的路数。所以，杜威认为，哲学的“不同的职能”“不同的问题”与“不同的对象”，就产生于“人类生活的压力和张力”，这也同时决定了哲学的形式。

与此同时，正是由于哲学是来源于生活的基本问题的，因而，哲学问题也必然随着生活问题的改变而变化。或者说，哲学的具体的问题，就是随着人类生活的改变而呈现出差异的。这是由于人类的生活本身就具有一种连续性，所以说，生活变化了，那么与生活相匹配的哲学就可能产生危机，并可能由此形成人类思想历史的转折。这意味着，在重大的社会变迁时代，哲学活动往往变得异常活跃，因为只有经历了巨大变迁的人们，才能解放自己的头脑，从事抽象和思辨的活动。哲学的重大转变，正是同社会生活的巨大变迁内在相系的。

质言之，在杜威的理解当中，哲学问题，就源于他所说的社会实践当中普遍存在的难题，因而能够对社会生活当中的难题在意识上加以把握。这样的哲学道路，才是一种直接涉及价值的冲突的爱智之途。

哲学危机："对确定性的寻求"

在杜威看来，他所身处时代的哲学，正面临着危机，这种危机来自古希腊以来整个欧洲哲学所积淀的历史遗产。与之颉颃的另一位原创性哲学家、现象学的鼻祖胡塞尔在他晚年的《欧洲科学的危机与超越论的现象学》（*Crisis of European Sciences and Transcendental Phenomenology*）一书中认为，欧洲的科学及哲学的根基面临着危机。胡塞尔所构想的出路是回归到"生活世界"（lebenswelt）中来继续加以探索，这与杜威的思想取向有着异曲同工之妙。

然而，在杜威看来，欧洲哲学所直面的这场危机，并不在于斩断了与"生活世界"的直接关联，而在于一种对绝对的确定性的执着追求。在这种追寻之下的传统哲学，在根源上就已分隔了知识与行动的关联，阻断了源自古希腊语义上的理论（theoria）与实践（praxis）的联系。

这种分隔，仍是来自古希腊的"二元论"。这种两分的思想结构，其实就是我们常说的"两个世界"理论。中国哲学家冯友兰先生把这"两个世界"的分隔称为"真际"与"实际"。而众所周知，中国思想的世界则是"一个世界"，形而上之"道"与形而下之"器"本是整体而未分的。这种被割裂的"两个世界"，一个是感性的、流动的、现象的世界，另一个则是理性的、本质的、逻辑的世界。在欧洲哲学史上，法国哲学家笛卡儿（René Descartes）曾对这种"二元"的思路给予了最为典范的表述。

按照杜威在他的名著《确定性的寻求》（*The Quest for Certainty*）当中的意见，这种"二元论"是最要不得的。这本书也被当代德国哲学家尤尔根·哈贝马斯（Jürgen Habermas）看作杜威最重要的哲学著作。在杜威这本书的最后一章《哥白尼式的革命》中，杜威将这“两个世界”的分离明确表述为：“在实验性认知得到任何重要的进展之前，在哲学尚未根本转向之前，我们可以说，‘两个世界’被明确地区分开来了——在一个世界中，人类在思考着和认知着，而在另一个世界当中，人类则生活着和行动着。”

这种“两个世界”相分离的哲思传统，横亘了两千多年的欧洲乃至西方哲学史，而且一直延续至今。柏拉图正是这种传统的肇始者之一。在杜威看来，近代哲学虽然拒绝了古希腊人关于自然现象的结论，但是继承了古希腊人关于知识本性的看法。换言之，古希腊的知识和思辨传统，在近代欧洲哲学那里得以延续下来。无怪乎整个欧洲的哲学，在另一位现代哲人怀特海（Alfred North Whitehead）看来，不过是“一系列对柏拉图的注脚”而已。这并不是说它始终只是在阐释先哲思想，而是说，后来的哲人们更趋向于对前代哲思进行创造性的发展和发展性的创造，只不过，绝大多数欧洲哲人的基本思想构架仍是由“两个世界”所构成的。

杜威这样总结他对这种分界的看法，并将上下两界分别与真伪相系，这种理论也直接关系到欧洲哲学的真理观：“存在分为两大界，上世是完全的实在，下界则是外观的、现象的、不完全的实在；而真伪也是跟着这个区别成为事物本身固定的、现成的、静态的性质——至上的实在是真的；低级的不完全的实在则是假的。”

由此出发，按照杜威的意见，概念之所以真，因为它们确与真“实在”——圆满终结的实在有关涉。这样一个见解，深藏在曾经接受（无论怎样间接地）古代和中世传统的每个人的头脑里面。于是，真的知识与实在被认定是完全相符的，被认知为真的东西在存在是“实有”的。因而，知识的对象，就构成了其他所有经验对象的真实性的标准和度量。

关于哲学与真理的关系，杜威有着自己的新见：哲学对于真理并不占有优越的地位，哲学不能去占有真理，而且，这种占有亦是不可能的。哲学只是真理的一个“受惠者”，而非真理的“赠予者”，这就颠覆了欧洲哲学当中“哲学赐予真理”的那种主流看法。

有趣的是，杜威本人更愿意从社会基础的角度，来看待这种两相分离。他认定这种采取了“二元论”的哲学话语，实际上是同古希腊社会的“脑体分离”直接相关的。这样的看法也具有了某种社会决定论的意味。在杜威的眼里，这种分别就是所谓的“纯粹的活动”（pure activity）与“实践的动作”（practical action）的截然分离。尽管，古希腊哲学并没有把活动和认知直接区分开来，而当时哲学的志向仍在于联结二者，但毕竟在“活动”与“动作”之间实施了明确的两分，这是毋庸置疑的。

简而言之，欧洲哲学始终在寻求着这种确定性，这基本上就是对古希腊时代的哲学传统的继承。杜威认为，“哲学的改造”所面临的对手，主要也就是这种对确定性的寻求。那么，究竟何为确定性呢？

如果我们并不依惯例给确定性一个明确的定义，而只采取一系列详尽的词语来描述和确定这种确定性的话，那么，就可以认为，恰恰由于对确定性的这种寻求，使得整个欧洲哲学的主流传统更愿意谈论普遍性而非特殊性，更愿意谈论统一性而非多样性，更愿意谈论永恒性而非变化性，更愿意谈论必然性而非偶然性。

我们都知道，确定性的反面就是非确定性，如此看来，确定性所带来的就是普遍性、统一性、永恒性与必然性，这些都是两个世界当中居于高位的那个世界所求的东西；而非确定性所带来的则无疑是特殊性、多样性、变化性与偶然性了。相比照而言，后现代主义哲学的基本特质之一，恰恰在于去寻求不确定的内向性或内在的不确定性。当然，杜威自己也绝对不是后现代主义哲学那种激进的反本质主义者。

再从哲学产生的来源上观之。杜威认为，哲学发生哲学化的缘由，就在于稳定性与不确定性所构成的未分离的混合体，就在于人们直面或然性世界之时做出的确定性的回应。杜威这样具体论述说，人类之所以热爱智慧而建构哲学，就是在存在中那种稳定的与动荡的东西、固定的和无法预测的新奇的东西、确定的和不确定的东西的复杂混合的状态所致。所以说，哲学家们才以自身的努力，在不确定性当中，去做确定性的寻求。

从社会发展的角度来看，杜威对于确定性的历史根源，做出了更具现实性的勘查。杜威觉得，人类始终生活在危险的世界当中，这是由于，人类的智力越发达，对周围世界的偶然和变化就越感到危险。人类根本无法摆脱的这些危险，既包括归属于个人的生、老、病、死，又包括归属于群体的瘟疫、饥荒、战争，还包括归属于自然的气候无常、季节变迁。这些危险都是不确定性而带来的，或者说这些危险给人类带来的就是不确定性。

所以说，面对这些人类至今无法根本逃避的危险，依据安全第一的黄金规则，人类必定要拥有两种基本需求：一个是物质上的求安全，另一个则是心理上的求安稳抑或心理上的确定性（psychological certainty）。当然，在我们看来，物质的安全较之心理的安稳是更为基础性的，但这两种需求的确是相互联结的。在某些时候，后者对于前者也具有反向作用，而二者无疑从古至今都是现实存在着的。

在对物质和心理这两种需求的满足当中，杜威认定，人类所能采取的基本途径有两种。一种就是和解的方式，即与控制人类命运的各种力量进行和解。既然不能征服命运，就要顺应自然、屈从命运和皈依神意。按照杜威的理解，这种和解的方式，从心灵的角度来看，所采取的必定是一种虔诚与忠实的态度，从而符合命运和神旨；从外化的形式来看，这种和解的手段主要就有祈祷、献祭、礼仪和巫祀。

另一种基本途径则是利用，即通过发明各种广义的艺术（art）来利用自然。在此需要特别说明的是，这里的“艺术”并不是纯美的艺术，而是人类劳作的工艺与技艺，它大致相当于古希腊的“技”（techne），泛指造出器具等人类产品的制造活动。杜威的意思是说，通过各种各样的工艺与技艺，人类就可以建筑房屋、缝纫衣裳、利用火，从而形成一种共同生活的艺术。这样一来，就可以借助这些手段来掌握自然的法则、控制自然的力量，从而建立起一个有秩序、合正义和有美感的王国。

对于有序王国的积极探求，就是杜威所论的对确定性的人类集体性的寻求。尽管如此，人们却并不相信艺术乃是应对危险的重要方法。宗教导师们反其道而行之，采取了改变内心情感的方法，而哲学家们则采取了改变个人观念的方法，来应对这个迷离变幻的世界。古希腊社会脑力劳动高于体力劳动的阶级状况，给哲学带来的重要影响就是，轻视艺术的同时轻视了物质，相应之下，则无限抬高了精神的地位。

在杜威看来，哲学家们由此就轻视了做，而只关注思，将理论远远超越在实践之上。杜威说，这种轻视动作、行为和制作的态度为哲学家们所培养。但是哲学家们并不是诋毁行动的创始者，他们只是把这种态度加以公式化和合理化，从而把它持续了下来。他们夸耀自己的职能，无疑地远远把理论置于实践之上。进而，这与其他方面一道，形成了劳动是压迫所做的而理智活动则是闲暇为之的定论，从而极力压低物质和身体的地位，夸耀非物质的东西。哲学的社会根源似乎即在于此。

这样来看，可以认定，哲学家们所从事的就是这样的职业，他们将纯理智和理智活动提升到实际事物之上，从而来寻求一种绝对不变的确定性。反过来，与哲学家们所从事的活动相对的则是实践活动，由于行动本身必然冒着风险，不如思维来得安全，所以，行动的内在显著特点就在于与生俱来的不确定性。一切实践活动都是变化而不定的，而且，与实践活动相关的特殊与个别的情境，也是不可重复从而不能完全加以确定的。在人们实践活动当中出现的“万事不由人”的现象，表露的就是这个意思吧。

然而，思维的活动却可以避免不确定性的危害，因为理智试图把握的是普遍的实有，而普遍的实有是固定的、不变的。人们所面对的这个生成着的世界是一个崩溃破坏着的世界，所以，越实践越危险，只有思维才安全。面对这种现实的境遇，杜威深刻地洞见了人们所面对的世界的有无之辨：凡一事物变为“有”时，另一些事物则变成“无”了。中国人常说的“沧海桑田”“白云苍狗”“祸兮福所倚，福兮祸所伏”，都是在说世事的变迁，在说“有”与“无”之间的微妙转换。杜威的推论是这样的：世界是不确定的，人们的实践亦是不确定的，但是，哲学的探求却可以在人们的实践和世界的变动之外，去寻求一种确定性。

最终，杜威这样总结他所理解的确定性与不确定性：确定性寻求的是可靠的和平，是一个没有危险、没有由动作而产生恐惧阴影的对象。人们不喜欢的不是不确定性本身，而是不确定性使他们有陷入恶果的危险，因为人天然地趋利避害。然而，完全确定性的寻求只能在纯认知活动中才能实现，因为认知活动既可以超离于世界之外，又可以同实践活动分离开来。在杜威看来，这就是两千多年来欧洲哲学传统所积淀下来的东西。

根据人们趋利避害的自然法则，自然要趋于逃避不确定性所带来的不确定的后果，尽管我们对不确定性本身并无恶意，但是，如若要寻求确定性，就恐怕只能采取纯认知的理路，这正是两千多年来欧洲哲学传统所积淀下来的东西，所以，《确定性的寻求》一书的副标题才被定为《关于知与行关系的研究》。在杜威看来，欧洲哲学史因确定性的寻求成就了自身，但也因此陷入了无法自拔的危机当中。那么，如何走出哲学危机呢？

且看杜威的哲学复兴之路。

哲学复兴：“哥白尼式的革命”

对旧哲学的彻底改造，必然带来新哲学的振兴。杜威大刀阔斧以旧翻新，被他自己视为一场“哥白尼式的革命”。这意味着，杜威自诩自己的哲学具有从“地心说”到“日心说”那种巨大的转变意义，这种意义甚至要高于康德的哲学变革。

的确，在欧洲哲学史上，“哥白尼式的革命”，一般是用来形容德国哲学巨擘康德（Immanuel Kant）的伟大哲学转向作用的。按照当代分析哲学家纳尔逊·古德曼（Nelson Goodman）的意见，康德的哲学转变就在于，以心灵的结构（structure of mind）取代了世界的结构，从而将整个哲学基点转向了作为主体的人。

所以，康德被冠名为“三大批判”的巨著的基本结构是这样的：1781 年的《纯粹理性批判》研究“知”，解决的是人的知识何以可能的问题；1788 年的《实践理性批判》研究“意”，解决的是人应当以何种道德作为至高原则的问题；1790 年的《判断力批判》研究“情”，它包括美学和目的论两部分，解决的是人心何以感觉到美和完善的问题。这同时被冠名为“批判”的三本巨著，在康德那里，最终都是要回到对人是什么这个根本性问题的追问。其实，正如康德 1798 年《实用人类学》所暗示的那样，他最终要为哲学提供一种人类学的根基。

然而，在杜威这样的古典实用主义者与古德曼这样的典型后分析哲学家那里，这种哲学的转变却具有不同的意义。在杜威看来，康德在哲学领域所进行的“哥白尼式的革命”，就在于从认知的主体出发去看待对世界的认识，然而，这种革命并不彻底。杜威认为，康德只是将隐藏在古典思想当中的某些东西凸现出来而已。这是由于，哲学家们首先构造出来一个理性的自然体系，而康德所做的，就在于使对自然的认知可信，从依赖于神灵转而依赖人的理性。这就是杜威所说的从神权到人权的转化。

所以，康德的真正革命就在于，将理智的中心转放到认知的主体身上。但是，杜威的哲学革命要比康德的更为革命。杜威认为，只有他的这种革命，才能与“哥白尼式的革命”相匹配，这也是一位哲学家的自信。

按照古德曼在《构造世界的方式》（*Ways of Worldmaking*）一书当中的理解，在康德之后，也就是刘易斯（Clarence Irving Lewis）又以概念结构（structure of concepts）取代了心灵结构之后，再往下发展就需要以符号系统（symbol systems）的结构取而代之了，从而走向一种构建世界的符号哲学理论。但是，如果杜威能够活到当今这个时代，他恐怕对分析哲学那种以语言分析为中心、致力于符号研究的立场是难以认同的。

当然，杜威本人对语言哲学有着另样的基本理解。他明确表示分析与综合是不能彼此分离的，因为，以化整为零为基本路数的分析策略，仍是发现了部分乃为某一整体的部分的解析方法；况且分析哲学家通过语言分析的手段，仍是为了认知实在的本来面目。但无疑，按照杜威的思路走下去，对于哲学定位的基本理解，既不是两百多年前康德的转向主体，也不是20世纪英美主流哲学的转向语言。但语言转向（the linguistic turn）在20世纪后半叶无疑是占据主导的，甚至今天的西方哲学界仍是如此，尽管各种走新路的呼声不断。

在杜威看来，真正意义上的哲学"哥白尼式的革命"，实际上是一种对哲学本身的真正解放！这种解放，使得哲学传统不再套上无用的形而上学和认识论的枷锁，而要解决现实当中最难以解决但又最重要的那些问题。

传统的哲学，在杜威看来主要是一种沉思的哲学，而由这种沉思应该走向真正的实用，但是这种实用，又不是常人所理解的粗鄙的功利主义，而应该是一种指导和改变人们生活的真正有用的哲学。杜威的本意即是说，哲学本应是用来"用"的，哲学是具有实践的本性的，哲学理应是一种行动的哲学，或者说是一种"做"的哲学。

由此出发，杜威用了一个非常精妙的比喻，那就是关于旁观者和创作者的比喻。在他看来，过去的哲学更像是一位旁观者在沉思万物流变，而经过他改造后的哲学则更应像参与创造的艺术家那样，直接介入现实当中，从而去把握人类集体的生活经验。如此观之，康德的认识论就是典型的以旁观者作为定位的哲学，而杜威的经验论则无疑是以艺术家为基本创造范式的哲学。由此，随着沉思的知识转化为活动的知识，哲学家们也要从沉思者的角色转变为实用者的角色。沉思者的目的是揭示先验的实在，实用者的目的则是处理实际的问题。杜威的意思似乎是在说，哲学家们不要试图再站到世界之外去单纯地凝视了，而是要融入世界当中去努力地行事!

再者说，按照自从笛卡儿到康德的传统欧洲哲学的阐释，人主要是作为一种理性动物而存在的；按照语言转向之后的主流分析传统的基本理解，人主要是作为一种语言动物或者符号性的动物而存在的。这两种对于人的基本理解，杜威显然都是不赞同的，但杜威的基本哲学思想也主要面对的是人的问题，或者面对的是实用主义的人的问题。

杜威采取了达尔文的生物学模式，强调的是有机体与环境的积极互动，从而在这个意义上对人的问题给出自己的解答。杜威的思想始终是有辩证意味的，他一方面强调了人性所具有的生物学的基础，另一方面对于人性本身所拥有的社会属性同样大加强调。杜威所关注的，其实就是人类生存的有机体与自然环境互动的连续性、与社会环境互动的同一性。他为我们所描绘的，就是具有双重属性的活生生的人及其生活的世界，从而试图以此来取代在欧洲哲学史上曾占据绝对统领地位的笛卡儿式的“二元论”。

杜威将哲学看作一种在不断实践的人类事业，它是由人类行为所产生的各种不同的问题激发出来的，同时，进一步给出思想并为做出的行动作指导，它所解决的是人类生活经验当中普遍遇到的现实性问题，从而去积极应对某一共同体之内的信仰和价值。如此，杜威对哲学的基本定位，可以说，既是一种哲学的复原，也在期待着一种“哲学的复兴”。

谈到哲学的复兴，就涉及哲学与文明的关联。在杜威看来，哲学绝不仅仅是思想的游戏，它是与文明的发展密切相关的。杜威说，哲学表明文化的一种变迁。就哲学的构成类型对未来思想与行动的关系而言，哲学在文明史当中的地位是累积性的，也是变化性的。杜威在认定哲学本身就是一种人类义化现象的基础之上，强调的乃是两个相关的层面：一个层面是哲学是对传统之流的培养，在其发展的关键时刻总是要追溯到这些源泉，从而使得哲学潮流获得更新的发展方向；另一层面则认定，哲学本身就是一种变化，在新与旧的联结点上形成哲学类型，就是用来指导后来的哲学变化的。

在 1931 年出版的专著《哲学与文明》当中，杜威一方面强调，人类的文明要形成所谓的“自我意识”就需要哲学，另一方面又强调了哲学乃是我们文明的一种真诚的生长与表现，哲学所道明的是某一民族的永恒和主要的集体经验。按照杜威的见解，任何民族有以之为基础的哲学，乃是对其不自觉的传统和生根的制度的深度之检验，乃是对文化的生产力的严格之检验。

当然，杜威的潜台词是，由他所领衔的实用主义哲学乃是字母大写的美国哲学（American Philosophy）的集中表征，也就是美国文明最精粹的思想内核。杜威曾明确表示，以欧洲大陆游戏的方式来建构美国哲学的道路是行不通的，这只能是死路一条。看来到了杜威这一代美国哲人那里，才真正使得新大陆的哲学脱离了旧大陆的牵制。在杜威所拥有的这种文明自信中，也看到了这样一种隐含的意思，那就是：哲学的复兴，所代表的就是文明的复兴。

实际上，早在 1917 年，杜威就撰写了《哲学复兴的必要》一文，收入由杜威和他人合编的《创造的智慧：实用观念文集》（*Creative Intelligence: Essays in the Pragmatic Attitude*）当中。在该文中，杜威期待回到经验来重构实用主义哲学。那么，哲学如何面对经验问题呢？这个问题又反过来关系到哲学的复原与哲学的复兴，因为复原的乃是哲学的功能，只有明确了自身的职能，哲学才能得以复兴。

哲学职能："探究经验作批判"

显而易见，作为一位颇具历史使命感的大哲学家，杜威对哲学给予了极大的期望。在杜威看来，随着从沉思转向实用的功能切换，哲学的主要职能就在于将经验的可能加以合理化，尤其是将人类的集体性的经验加以合理化。这是由于，人类既然不能直接去对抗他生活在其中的世界，那么，他们便会想出某种方法来与整个宇宙相互协调。虽然，人类可以拥有各种各样的发明去利用自然而达到自己的目的，但是他们仍然没有习惯利用知识去获得把握经验的方法，这是令人遗憾的。

按照杜威的理解，哲学并非来自任何一个特别的冲动或经验中的一个分隔的部分，而是来自整个人类的情景，而这个人类的情境又是完全和自然相吻合的。它反映自然的特性，它给予无可争辩的根据，证明在自然界本身，性质和关系、个别性和一致性、最后性和效能性、偶然性和必然性，其实都是不可分隔地联结在一起的。

我们在前面已经谈到，如果哲学家采取沉思者的视角来看待世界，那就必然采取一种旁观的姿态，因为沉思一定是要与对象保持静观距离的，从而将沉思者从万物当中独立和分离开来。如此一来，就形成了这样的两分结构：一面是需要加以凝视的精神主体，另一面则是只供沉思的远离的对象。由这种基本的两分结构出发，杜威认为，充满危机的欧洲哲学正是面对着这样一系列的分立：目的和机械，主观和客观，必然和自由，心灵与身体，个别与一般，如此等等，不一而足。

从语言哲学的角度来看，当代哲学家哈贝马斯也曾反复批判这种仅从沉思者的视角来看待世界的方式。哈贝马斯认为，这样做导致了话语与实在之间的分立，因而忽视了言说者、受言者和参与者共存的生活世界之主体间性（inter-subjectivity）。而当时的杜威却并没有这种主体间性的眼光，他真正关注的是主客体之间的间性，真正关注的是在相互分离的、彼此独立的精神和世界、主体与客体之间，究竟是如何获得真正的联结的。

杜威恰恰是要将这二分的两端相互融合、彼此互动起来，但是这种融合和互动的基础究竟在哪里呢？在下一章当中，我们将详细讲述杜威哲学思想核心——经验的自然主义与自然主义的经验主义，此处只关注哲学与经验之间的内在关系。

杜威真正反对的是书斋的哲学。他认定，哲学的目的并不是作为纯哲学研究；哲学解放自身的关键，就是走出书斋，走到广阔的生活当中。一句话，哲学的真正目的就是，以哲学的手段，去研究生活的经验！

早在两千多年前的古希腊人那里，“经验”还是指一堆堆实用的智慧，是可以用来指导生活事件的丰富洞察力。杜威也许就是要回到古希腊时代对于经验的那种本然理解。当然，古希腊哲学仍是把知识视为沉思，从而使得创造低于鉴赏。杜威也许是反其道而行之，他把知识当作行动，使得哲学成为一种创作的艺术，从而使得创造远远高于鉴赏。这里，关于鉴赏的比喻，言说的其实就是经验主义的旁观者知识模式，如前所论，这恰恰是杜威所要极力批判的。实际上，基本的感觉为经验提供了坚实的基础，而杜威则是要把哲学建立在更为坚实的经验的基石之上。

杜威将哲学植根于经验之上，无疑是对传统形而上学的翻转，就好似将哲学头脚倒置地从天上返回到坚实的大地之上，而这坚实的大地就是现实的生活经验。深究实质，杜威走的是与许多哲学家同样的路，即马克思、尼采（Friedrich

Wilhelm Nietzsche)、海德格尔、维特根斯坦、德里达（Jacques Derrida），似乎越是大哲学家就越能把握这种彻底的翻转方向，越要将他们之前的整个哲学传统加以彻底的颠覆。

在这种哲学的翻转之前，传统欧洲哲学往往是求真的，但是，哲学理应面对生活当中更为丰富的意义。在杜威看来，这是由于，诗歌的意义、道德的意义、生活当中的大部分的善，都是关于意义之丰富和自由，而不是关于真理，我们生活的一大部分都是在一种和真假无关的意义领域中进行的。哲学的正当工作就是解放和澄清意义，包括在科学上已经证实的意义。而哲学宣称它是真理的提供者，从而跟科学相对抗或者是取而代之，这大概是由于，它没有从事它自己的正当工作而做的一种近乎补充性质的姿态。由此，杜威的哲学所要解决的并不是科学真理的问题（这是一种指引道路的真理），而是生活真理的问题（这是一种“照亮生活”的真理）。

于是，杜威明确地界定了哲学功能的性质——哲学在本质上就是批判！但是，属于哲学的批判与其他类型的批判区别到底在哪里呢？

杜威认为，哲学的批判的特殊性，就在于哲学本身的概括性，在这个意义上，哲学被杜威看作“批判的批判”（criticism of criticism）或者“作为批判的批判”。同时，哲学所独具的这种批判是一种辨别的判断，也是一种谨慎的评价，在辨别的题材是关于“好”或者“价值”的地方，判断才被恰当地称为“批判”。这里的“好”所意指的事物，既指好事好物之善，也指美事美物之美，它泛指具有价值的万事万物。哲学所独具的批判对象就应该是这样的事物。

从历史的演变来着眼，道德中的“良心”、艺术当中的“欣赏”和信仰当中的“信念”，都在无意当中被转变而成为“判断”，而“判断”又转变为一种愈来愈概括的批判的形式，也就成了杜威所谓的哲学。所以说，哲学是作为一种批判的形式而存在的。杜威特别看重的是，哲学本身就是一种批判的活动，它具有作为批判的批判所具有的各种功能。

当然，杜威还补充说，我们不是为了批判而批判，就像纯哲学囿于书斋所做的思维游戏那样，而是为了建立和保持更为持久和更为广泛的价值而进行批判。在这个意义上，哲学的原始材料和题材，就是那些具有好坏的直接性质的特征的“信仰”“行为”和“知觉”的现实情境，及其在一切价值的领域内所流行的各种批评和判断的方式。哲学所能做的和应该做的，就是对这些价值、这些批判和这些判断方式，再做进一步的批判。在此，哲学的基本职能似乎就显而易见了。

从话语的角度来看，杜威还认为，哲学话语（philosophic discourse）是兼有科学话语和文学话语的特质的，或者说哲学话语分享了后两者的特质。这样说似乎有悖于常理，因为哲学话语的“玄思”与文学话语的“想象”、科学话语的“严格”本是迥然有别的。但是，杜威从自然与生活的经验出发，认为哲学与文学的类似性在于，哲学也是对自然和生活所下的一种注解抑或评议；哲学与科学的相通性在于，哲学所走的某些途径与科学一样是去发现和描绘自然存在的题材，但哲学由于同生命和意义的内在关联，亦必定与科学拉开了距离。

然而，因为哲学具有智慧的权威，所以它又使哲学话语与文学话语得以分离开来。这是因为，文学话语的艺术需要自由的使命得以执行，特别是想象在其中扮演了重要的作用，但正如有意义的历史是存在于人的想象当中的，哲学实际上也是这种想象的进一步探究。然而，哲学的批判具有较为严格的工作任务，这无疑使哲学与科学的功能更为相近，哲学对于它本身产物以外的东西也还负有较大程度的责任。哲学必须通过认识价值的原因和后果去鉴定这些价值，并由此对价值的拓展和解放，做出自己应有的贡献。

总体来说，杜威在实施了哲学的“哥白尼式的革命”之后，认定新哲学的基本使命，就是把自然和生活所产生的经验功能所具有的“好”加以明确、发挥和推广，而不必像旧哲学那样构造出诸如“物自体”“真实界”“天国”那类的“实在”世界，从而致力于发掘常识和科学所看不到的“实有”的秘密。

在另一方面，杜威认为，哲学的基本目的，就是面对信仰、制度、习俗、政策及其所发生的影响来予以真实的批判。哲学家们的基本任务，就是去接受和利用在这种批评当中所能得到的最好的知识。

更进一步来看，杜威内心的诉求还有对哲学的改造、对理想与方法的改造乃至教育的改造，这些都是携手而行的。因而，杜威的主要意思就是，哲学必须用科学的方法来处理人的问题，改造之后的属于公众的哲学就要致力于社会的批判。

质言之，杜威在旧哲学的改造与改造后的新哲学建构方面，都功莫大焉。这才是真正意义上的哲学的“哥白尼式的革命”！

第 3 章

经验的自然主义与自然主义的经验主义

杜威明确了改造哲学的目标之后，试图再来改造经验。因为，改造所谓的经验才是改造哲学的基础；或者说，改造经验，这是杜威迈出的第一步，否则哲学的改造便无从谈起。当然，无论是改造哲学，还是改造经验，杜威内在的真正目的都是改造所身处的社会，这是后话。

杜威自己的“新哲学”的核心思想，被他称为“经验的自然主义”（empirical naturalism）与“自然主义的经验主义”(naturalistic empiricism)。

杜威在《经验与自然》一书的第一章《经验与哲学方法》的开头，就赋予了他的“新哲学”以这种命名。

杜威让“经验主义”与“自然主义”两种主义之间形成了互文之势。紧接着，杜威解说到，如果对于经验采取它的日常意义来使用的话，那么，这种哲学又可以称为“自然主义的人文主义”（naturalistic humanism）。在这里，我们要追问的是：杜威的经验到底指什么？这个问题，可以首先分解为三个子问题：

其一，何为经验？

其二，经验何为？

其三，经验为何？

什么是经验：旧经验主义的翻新

众所周知，理性主义（rationalism）与经验主义（empiricism）是欧洲哲学史当中鼎立的两大哲学思潮，它们在历史上先后兴起，并曾颉颃并行了很长一段时间。简单说来，理性主义就是指建立在以“推理”作为知识来源的基础上的哲学流派，笛卡儿通常被认为是这个学派的现代奠基人，它主要兴盛在17、18世纪的欧洲大陆，所以理性主义一般又被称为“欧陆理性主义”。

从地理的意义上说，与大陆理性主义相对应是英国经验主义。17世纪的英国哲学家洛克（John Locke）系统阐述了这一思想体系。但是，这两种哲学思潮，绝不是简单地由英吉利海峡所能分隔的，而更多的是思想理路上的分殊。

如果简化到最简约的程度，给传统意义上的经验主义一个界定的话，可以说，人类的想法都是来源于经验的。从知识论的角度看来，如果说，理性主义者们认为，知识就是“理性的知识”，永恒知识可以通过推理而获致，理性依凭牢靠的论据和符合逻辑的推理就能发现真理的话；那么，经验主义者们则认定知识最终来源于经验，真理也是来源于经验的。

如从古希腊的思想源头来看，理性主义应该肇始于柏拉图乃至于他的老师苏格拉底，而经验主义肇始于那位“百科全书式”的人物亚里士多德。尽管现今看来，亚氏的从《物理学》到作为“物理学之后”的《形而上学》——数量众多的著作可能是亚里士多德学派共同完成的。从两种思潮的汇流来看，德国哲学巨擘康德，在休谟（David Hume）《人类理智研究》的激发之下，从原本对理性主义的信赖转而试图在理性主义与经验主义之间架设桥梁，但在思想取向上仍更倾向于理性主义一端。

实际上，理性主义与经验主义的分立，真的并不如英吉利海峡两岸分离那么绝对。从笛卡儿这位理性主义的绝对代表来看，他并不仅仅关注形而上学的虚的建构，而且还创立了解析几何学这样的实学。从 1637 年笛卡儿所撰写的《折光学》《气象学》和《几何学》这三篇法文论文来看，他对于科学的重视，恐怕并不局限那本名为《几何学》的名著。由此可见，笛卡儿身上也具有经验主义的思想取向。

在这个意义上，杜威的思想取向似乎更像笛卡儿，他积极呼吁改造旧经验主义，从而创造出一种新经验主义；而且，杜威对于科学主义也采取了同典型理性主义者不同的信任态度。然而，在杜威晚年所生活的时代，恰恰是作为传统经验主义的现代变体的逻辑实证主义逐渐从欧洲大陆到美国开始成为哲学界的主宰的时代。杜威对此却并不太认同，他并不迷醉于单纯的逻辑推理的可靠性，尽管实用主义者们与这样的逻辑经验主义者们都相信，要通过现代科学的方法来观照和改变这个世界。

那么，传统经验主义究竟旧在哪里？从杜威的新视角看来，如果经验主义要以旧翻新，要抛弃哪些旧的要素呢？由杜威的眼光来看，英国经验主义肯定了经验与自然的关联，这绝对是值得肯定的。然而，传统经验主义只能把经验看作是被动的而不是能动的，与此同时，忽视了经验与经验之间、经验与理性之间的本然关联。从更广阔的背景来看，从皮尔士直到杜威，实用主义对于旧经验主义的批判，也都是建立在其对于近代哲学“二元论”批判的基础上的。

杜威早已洞见这种思维方式的缺失。他认为，认识之所以存在，乃是因为，人们一般来说都要假定存在一个认知者，这个认知者处于被认识的“那个世界”之外，他借助于与“这个世界”的特征相对立的词语而加以界定，这便直指欧洲哲学的“二元论”的认识论的实质。前面已经浓墨重彩地谈到过杜威对这种从古至今的“两分法”的拒斥，杜威对那种确定性的疏离，在此并不用多说，而是要将眼光放到杜威对“传统经验观”的直接批驳上面。

在《哲学复兴的需要》这篇1917年的重要论文当中，杜威对于“传统经验观”的五个基本特征进行了精彩归纳：

第一，在传统经验观看来，经验主要被视为“知识的事情”（a knowledge-affair）。杜威意在反过来说，如果不带着古代的眼镜，把“经验视为知识”的话，那么，经验的本意，肯定就呈现为生物与自然环境、社会环境之间的交互作用。

第二，在传统经验观看来，经验只是某种“心理”的东西，它彻头彻尾地被“主观性”（subjectivity）所影响。然而，翻过来看，经验关于它本身所指的世界乃是“真正客观的世界”，该世界并不是主观的，而是进入人们的活动之中，并且随着人们对于世界的反应而变动着的。

第三，在传统经验观看来，从时间维度看，如果我们采用一个比喻的说法来说，经验只是过去完成时的。这是因为，经验的本质被视为对“已经发生的事情”的记录，视为对从前事物之间的“牢固联结”，从而超越了纯粹的现在（bare present）而只关注于过去（the past）。然而，在杜威看来，刚好相反的是，经验是着眼于“未来”的。经验作为一种改变既定的努力，就其充满活力的形式而言又是“实验性”的。

第四，在传统经验观看来，经验是受到“殊相论”（particularism）禁锢的。这又是何意呢？这也就是说，经验被视为是“简单个别”的聚合而已，从而对于经验的诸多的“联系”（connexions）和“连续”（continuities）都具有了排他性。实际的情况却恰好相反，因为经历了某种环境并且试图让环境朝着新方向去前行的经验，本身就是充满了各种各样之关联的。

第五，在传统经验观看来，经验与思想是刚好相对立的术语。正是由于这种经验与思想的绝缘和对立，推论（inference）被认为是超出了经验的。然而，按照杜威的见解，当我们把经验作为跳板，从而跳向某个“稳定的事物”或其他“自我构成”的世界时，经验本身却充满了推论。结论就是，没有推论，就没有自觉的经验，或者说，没有任何一种经验是不进行推论的，反思（reflection）由此是固有和恒常的。

上面说得稍显复杂，由这五点传统经验观的基本特征可见，杜威的哲学意图是非常明确的，他并不是仅仅为了批判旧的，而且，其真正的目的则是为了建构新的。所以，在对传统经验观进行批驳之后，杜威总是在正面陈述和证明自己的新的经验观。换句话来说，正是由于杜威已经形成了自身独特的实用主义的经验观，所以，才能如此深刻地对传统的经验主义进行深入的批判。

由此可见，在经验主义的基本问题上，杜威既是在以“新”评“旧”，又是在以“旧”翻“新”！

经验做什么：进化主义的互动论

经过了对传统经验主义的批判，被翻新出来的新的经验到底是做什么的呢？在杜威看来，要首先从“做”（doing）的角度，来勘定经验的性质和意义。经验首先是“做”的事情，这本身似乎是杜威最为确定的事情。用更简练的中国话来说，经验就是“做事”。

首先经验就是一种人的活动，所从事的活动必定是有对象性的，是面对并参与到事当中的。按照杜威的意思，经验本身就是“行”与“动”，它并不是做完事之后而获得的主观感受，也不是独立于“活”与“动”之外的客观存在。

我们似乎可以推论说，经验在杜威那里并不是一个名词，而是一个动词，而且是“正在进行时”的动词，它是时时都在进行并指向未来的而非业已完成的。这是由于，人类存在的有机体从来不是被动承受的，或者说，并不是徒然站着而一事不做的。在杜威的想象当中，有机体绝非一个墨守的、单纯的、弛懈的受动者，从而只能静候外界将什么东西强加到他身上。反而，人类存在的有机体，按照自身“或繁或简”的有机体构造，向着环境行动和运作，从而呈现为一种积极的行动者的角色。

当有机体面对环境有所行动的时候，一种“交互活动”就发生了，这是介于有机体与环境之间的“交互活动”。这是由于，有机体的“做”导致环境所产生的变化，又反过来反映到付出行动的有机体和他的活动上去，这就形成了一种类似于心理学意义上的“反射弧”（the reflex arc）的往复过程。

在此，所谓的环境，就是包括“促成抑或阻碍”“刺激抑或抑制”生物所特有的各种各样的条件。杜威举例说，水就是鱼的环境，水对于鱼的活动是必需的；北极对于探险家来说也是环境，北极说明了探险家的活动，使得他的活动具有了特色。相对于环境而言，生活并不仅仅意味着消极的存在，而是一种行动的方式，环境或者生活条件进入活动当中，进而成为起到正面或者反向作用之条件。

杜威认为，任何生物都要经历和经受自己的行为所产生的后果。而只有与这个有机体的动作和感受的紧密关联，才形成杜威所谓的经验，相形之下，那些不相关联的动作和不相关联的感受则不能称之为经验。如此看来，杜威从最根本的地方，也就是从有机体与环境的交互作用的角度，来规定了经验能做什么，我们可以称之为一种互动论。

然而，这种互动论在杜威那里，却是一种进化主义（evolutionism）的互动论。众所周知，进化主义是达尔文主义（Darwinism）的核心思想，它在中国民国时代也曾影响颇大，由此形成了进化论的社会思潮。杜威的基本哲学思想，深受达尔文的名著《物种起源》的影响，所以在 1909 年，杜威写下了《达尔文主义对于哲学的影响》（*The Influence of Darwinism on Philosophy*）一文，明确表明了他的实用主义哲学的进化论之思想来源。

实际上，达尔文主义为杜威提供了一种“发生学的方法”（genetic method），从而使得杜威更明确地看到了有机体与环境之间所形成的动态关系。按照杜威对于达尔文主义的理解，后者对于前者的影响，或者后者为前者所接受的思想是这样的：首先，生物的变化是有序和累积性的；其次，这种变化朝着同一的方向发展；最后，前后的变化还是有规律的。由此可见，进化论的思想精髓，也都成为杜威思想的精髓部分。

换言之，这些进化论的基本思想，几乎被杜威的哲学思想所吸收。但是，杜威在将关于“自然进化”的思想拉向社会之方向的时候，却并没有流于当时甚为流行的“社会达尔文主义”的那种机械和简单，而是另有创造和发展。当然，在达尔文主义对杜威的哲学产生的深刻影响之外，杜威生活那个时代的科学界之最新发展，也潜在影响了杜威的思想。海森堡（Werner Heisenberg）的“测不准原理”（uncertainty principle）就弱化了传统的“二元论”，况且，在哲学界还广有影响的新黑格尔主义（neo-Hegelianism）将“关系”视为首要要素的做法，也让杜威在新的基础上融会主客两端。

在杜威看来，《物种起源》为哲学开启了一种新的思维方式。从方法论的意义上来讲，达尔文利用自然选择对生物进化进行解释，发现了物种变异与自然环境之间的适应关系。这种具有必然性的选择论，对于杜威的影响还在于，把物种看作是如伽利略（Galileo Galilei）所说的地球自转一样是在自我运动，从而在有机体与环境之间互动的角度，来继续开拓自己的新的经验主义哲学。

如此一来，一方面，杜威并不把物种进化的原因归于某种传统的哲学玄思，从而使得哲学放弃了对于绝对起源和绝对终极性的信赖；另一方面，更重要的是，达尔文的启发，使杜威获得了一种提出问题和寻找解释的工具。这种启示解放了实验的观念，使得真正的哲学产生出对具体的价值和具体的条件之探讨。

杜威对“经验做什么”加以举例说明，他所举的例子，就是我们通常能感受到的那种经验。杜威的例子还是关于反射活动的，是关于被火灼伤的两个例证。一个例证是某个人在睡着的时候，比如壁炉的炉火或者野外的篝火把身体某个部位灼伤了，另一个例证则是好奇的顽皮孩子，当然是在清醒的状态之下，将手放到火上试探着看有什么后果出现。

按照杜威的看法，前一个例证所得到的就并非经验，而后一个例证才可能获得经验。这是由于，早期对于心理学还孜孜以求的杜威，并不认同那种简单的刺激——反应的反射模式，他是要将反射弧的往复性，运用到对于完整反射动作和复杂行为的反射环境的解析当中。按照杜威的观感，睡着时被火灼伤并不是以清醒的知觉从行动者的行为当中归结出来的，于是，在接受教训的意义上来说，这就并没有形成经验，得到的只是（如在痉挛中的筋肉收缩一类的）一连串的生理活动而已。

然而，相形之下，一个清醒的孩子试探着将手放到火中的情况则大不相同了。这个孩子被火烧到之后，一定会感到痛苦，但更为关键的是，在这个孩子的脑海当中，就形成了一种关联：这种关联介于伸手与火烧之间，介于他所做的动作与获得的感受之间。从此以后，经过这个事件的警示，这个孩子可能再也不会去碰火了，面对类似的情况还可以依此类推。这样一来，我们就可以说，有机体得到了一个具有非常重大意义的经验。睡着被火灼伤则缺乏这种学习和积累的过程，从而并没有给生活带来任何结果，这是由于，灼伤的结果与事前的动作之间没有形成关联。

如此看来，杜威意义上的经验还是具有高度选择性的，并非有机体与环境的一切互动都能形成经验，或者说，并非只要有机体与环境互动就能使经验得以完成。杜威的真正选择似乎是：那些形成了意义的、有价值的互动，才能成为经验，反之则不然。

显然，杜威从经验出发，试图来建构一种实用主义的新哲学。这种回归经验的哲学理论，的确反击了传统欧洲哲学根深蒂固的“二元论”，从而获得了一种超出欧洲大陆哲学传统的独特视角。过去我们曾这样评价杜威：杜威的哲学观点试图超越唯物主义与唯心主义，但是又由于经验规定的唯心属性，从而最终陷入了唯心主义的泥潭。

那么，经验又是如何超越——包括主体与客体分离之类的——传统“二元论”的呢？在杜威看来，他之所以面对现实生活的所谓“赫拉克利特之流”（Heraclitean flux）独拈出了经验的概念，的确是独具匠心的。

从实用主义的形成历史看，经验这个极其重要的概念，早就成为实用主义哲学的关键词。在皮尔士和詹姆斯那里，他们对于经验的看法是不同的。皮尔士所继承的是康德的经验观，亦把经验作为知觉的综合，但他更强调经验是作为认识手段与检验标准而存在的；詹姆斯则继承的是休谟的传统经验主义的理解，他更多利用了心理学内涵来重新阐释经验，直接把生活之流称为“纯粹的经验”，从而构建起所谓的“彻底的经验主义”学说。在这个意义上，杜威对于实用主义哲学的发展，是似乎更接近于皮尔士，但在基本的经验观上则是延续并发展了詹姆斯的主张。

所谓经验，杜威认为就是詹姆斯所谓的“双义语”（double-barrelled word），它之所以是双义的，就在于意识到，在行动与材料、主观与客观之间没有区分的首要的整合性，而且，它们都被包含在一个不可分析的整体当中。换言之，经验既指客观的事物，又指主观的情绪和思想，是物与我融成一体之混沌的整体。在这个意义上，杜威对于经验的理解是最具有哲学意味的，他较之早先的实用主义者们来说，不仅将经验推到了至高的地位，而且，将经验之弥补哲学“二元论”缺憾的功能彻底显示出来。

杜威并不仅仅强调了经验之“做”的根基，与此同时，他也强调了“经受”（undergoing）的另一面。我们可以这样来归纳，按照杜威的理解，经验既是“做”与“经受”的统一，又是认知（knowing）与领受（having）的合一。

我们知道，这种经验来自活的生物与外界之间的交互运动和往复运作。每一个经验，都是一个活的生物与他生活在其中的世界的某个方面之间的相互作用之结果。进而，这种经验的模式和结构，也就是将主动地“做”与被动地“经受”组织为一种基本的关系，使得经验内部未定的材料，通过相互关联的一系列的事件活动而趋于自身的完满。

在这种“做”与“经受”的统一之间，对于人类的有机体来说，他或者她就不得不同时扮演两种角色，亦即 agent 与

patient。我们把这两个英文词，可以分别翻译成使动者和受动者，抑或能动者和被动者之类。这是一人分饰两角的现象，但并不是说，前一时间是使动者而后一时段则为受动者，而是在同一个有机体那里共同拥有了两种角色。

所以说，一方面，杜威确定了经验首要性地具有主动的做事之性质，另一方面，他又始终强调了问题的另一面：经验主要还是一种经受的过程，是一种“承受”（standing）某种事物的过程。重复一遍说，经验同时还是一种忍受和经受的过程，是一种接受某种“影响”（affection）的过程。

总而言之，经验是一种既施加影响的活动，同时是接受影响的活动。我们的忍受活动是一些用以改变事件进程的实验；而我们的主动尝试则是对我们自身所做的实验和检验。

从我们最直接的体会来看，经验的这种双重性，就表现在我们生活的快乐和痛苦、成功和失败当中。一般而言，快乐和成功是主动获取的，痛苦和失败则都是要被动承受的。经验这个具有双义性的词，在杜威的意义上，就好像它的同类的词语——生活与历史一样，不仅包括人们做什么和遭遇些什么，他们追求些什么、爱些什么、相信和坚持些什么，而且也包括人们怎样活动和怎样受到反响的，他们怎样操作和遭遇，他们怎样渴望和享受，以及他们观看信仰和想象的方式。简言之，这些都是能经验或被经验的过程。

杜威所举的例证更为明确。他利用列举例子的方式来言说经验的双重意义：经验指开垦过的土地、种下的种子、收获的成果以及日夜、春秋、干湿、冷热等等变化，这些都是为人们所观察、畏惧、渴望的东西。它也指这个种植和收割、工作和欣快、希望、畏惧、计划、求助于魔术与化学、垂头丧气或欢欣鼓舞的人。显然，前者的例子如耕种都是能动做出的；后者的例子如收获则是被动接受的。在前者的例子当中，人处于原动的状态；在后者的例子中，人则是处于受动的状态。

如此看来，杜威的经验理论似乎就变得海纳百川、无所不包了，大概无所莫非经验了。但杜威的意思，实际上是在说：经验的概念同时包括了主动语态与被动语态，它既是经验到什么的过程，又是被经验到什么的过程，这两方面在经验那里真的是一而二，二而一的，这样的经验才是真正的经验。

经验为什么：在自然与社会之间

在考察何为经验与经验何为之后，对于经验的界定而言，最后一个就是经验为何的问题。也就是说，经验观的建构，在杜威那里的主要目的究竟是什么？

实际上，杜威对于生活经验的深入研究，最终也是要为他的人性论提供崭新的基石。这意味着，从经验观出发，杜威最终对于人性的基本问题亦给出了自己的独特解答。

总的来看，杜威是在一种张力结构当中来界定人性的，这张力的两端就是自然性与社会性。由此推论，杜威的意思是在说，所谓的人性就是介于自然性与社会性之间的，就是在自然性的基础上培养而来的社会性。简化为一句话，杜威所见的人性，也就是自然性与社会性的统一。

杜威终其一生都关注人的问题，我们且慢慢道来杜威的相关思想，那就从个人的存在谈起。在杜威看来，绝对独立的个人是并不存在的，个人实际上皆为社会性的个人。从行动的角度观之，人们的行动是在主体与主体之间得以共享的。无论有意抑或无意，行动者总是通过每一个行动而与他人相关联，如果不考虑他人的行动，那么，就不能完成自己的行动。

在行动者行动的时候，引起别人的行动；别人行动的时候，也引起了他的行动。由此可以设想，所谓个体的心灵所具有的，便是一种社会性的生命功能，心灵不能只从个体心理的角度来加以理解。但是，杜威也并未贬低人作为生物性存在的另一面。

从自然性的角度出发，一个重要的难题就是如何理解冲动的问题。弗洛伊德主义（Freudianism）正是从从潜意识出发的深度心理学视角来直面这个难题的。杜威在《人性与行为》当中对此曾多有论述。

一方面，杜威强调，冲动源于人的生命力的喷涌，这是无可置疑的；但另一方面，杜威也强调，要从社会环境当中才能获得意义，冲动与那种天性养成的习惯并不是相同的。所以，杜威给出一个精妙的比喻，冲动就好似被放出来的触角，它是用来吸收来自习俗的营养的，而并不能完全被习俗所化约。如此看来，冲动使得人的潜能释放的基源性功能不容小觑，因为冲动又是把现存的社会力量转变为个人能力的重要媒介，同时，也是获得重建性的成果（reconstructive growth）的重要手段。

尽管杜威并未忽视人自然性的一面，但是，他似乎更为注重人社会性的一面。通过杜威的眼光来看，人是生活在社会环境当中的，受到了周围环境的制约又作用于环境。所以说，在杜威那里，人性也就是与社会环境相互作用的结果。

人被杜威看作是社会性的生物。这意味着，在杜威看来，人不同于动物（从昆虫到哺乳动物）、植物（从低级到高级植物）和自然现象（从星云到山川日月）的根本所在，就在于人类所具有的社会属性。虽然杜威接受了“新心理学”对于人的生物学的确证，但是，他却认为这种心理学的研究，必须与社会和历史要素的研究结合起来才可以有效。

在这个意义上说，人绝非是只具有生物属性的单个的原子，而是首要地在与他人的关联当中得以实现自我确定的。以个性为例，按照杜威的看法，既然个人是在社会生活当中成就自我的，那么也就可以说，每个人的个性从根本上都不是天生的，而是在相应的社会生活当中培养出来的。

在这种社会性的确定当中，一个很重要的要素就凸显了出来，那便是各种各样的制度问题。作为社会环境重要的构成部分，制度既是培养个体性的个人的手段，也是使群体性的人们获得发展之载体。从历史发展的角度来看，社会的文化遗传与社会的组织手段在人类的发展当中都得以积淀下来，制度结构和文化传统不断地把生物原料塑造成一定的属人的模式。这正是在野蛮与文明之间划开边界的东西。这种制度的建构和文化的积累，使人们在广泛的社会生活中分享共同的手段、目的和传统，从而使人们的行为获得相应的文化和社会意义。

再回到经验的基点来看，杜威对于人性的勘定，其实，就直接关系到了本章开头所论述的经验与自然之间的基本关系。那么，究竟该如何看待经验与自然的关系呢？如何看待经验主义与自然主义的关系呢？

杜威有这样的论述：如果得到生物学发展的认可，那么经验的主体至少是一种动物，它与在比较负责的组织过程中的其他一些有机体形式是相互连续的。反过来说，动物至少是与一些化学过程相互连续，这些过程在生物中被组织起来，真正构成一些具有全部规定性特征的生命活动。但是，杜威又说，经验并不能与大脑活动画等号。经验就是那个处于它与自然环境和社会环境相互作用之中的整个有机体的原动者和受动者。大脑主要是某种行为的器官，而不是一种用以认识世界的器官。杜威进而重复地说，经验只不过是某些自然对象相互作用、交互作用的模式，可以说，有机体凑巧是其中的一种自然对象。

既然经验不等于大脑活动，那么经验也不意指认识

(cognitive）的事情。经验就是作为“做”与“经受”的方式而存在的，对象是通过经验而获得的，而且，对象也是在经验当中发生作用的。人们必然通过发现认识是一种什么样的做与受的特殊模式，从而在性质上以一种最独特的方式来描述认识。

杜威所反对的，正是一种把经验同化为非经验认识的概念，因为，这种概念是由一个先在的、处于世界之外的旁观者的概念得出来的。这实际上就是上一章提到的，杜威所极力反驳的旁观者的知识模式。当然，杜威还反对某些“实在论者”——把认识关系与在世界中的其他一些存在关系等同起来，他们延续了把认识看作表象的或者旁观者的这种看法，进而，不得不把属于后者的某些规定性的特征，扩大到事物之间的各种关系上面去，从而使世界上一切真实的事物变成了纯粹简单的、完全相互依赖的。这种认识论的缺陷，杜威也洞见到了。

从自己的经验观出发，杜威又两面出击，对于理性主义和经验主义进行了深刻的批驳。

从杜威的视角看来，理性主义从来没有说明一种处于经验之外的理性，如何能够与具体的经验发生一种“起到协助作用”的关系。按照传统的定义，理性就是与经验对立的，因为，理性并不关注于有成效地扩大和指导经验的过程。与此同时，既然思想是经验的固有特征之实施，那么，杜威的思想对传统经验主义的打击也是致命的，这是由于，旧的经验论只把经验看作一种副产品。按照经验主义的“殊相论”，思想只不过是截然分离的要素之间的联结，思维只是机械地增加抑或减少，它仅仅关注于量变而忽视了质变，从而缺乏对于思维的建设性能力之基本关注。

受到新黑格尔主义提升关系地位的影响，杜威认为，经验的要点就在于关系：经验并不是凭空发生的，经验的能动者和被动者不是被隔离开来，它们之间不是失去联系的，而是通过一些极其紧密而广泛的纽带与事物的运动连接在一起的。正是因为有机体处于世界之中，并且是世界的一部分，有机体的活动才以各种各样的方式与其他事物的活动连接在一起，有机体才能接受其他事物的影响，才能把其他的事物还原为用以为自己获得福利的手段；而且，必须说明的是，这种联系是多种多样的。

杜威总是以多元而动态的眼光来看待这个世界。杜威认为，动态的联系（dynamic connexions）在性质上，是具有多样性的并且是相互差异的，正如活动的中心都是多种多样的那样。从这个意义上，我们可以得出结论说，“多元论”（pluralism）而不是“一元论”（monism），才是那个已经被杜威所确立的“经验事物”。

从时间性的角度来看，经验既是处于动态过程当中的，也是开放性地面对未来的。换句话来说，就时态而论，经验既是正在进行时的，又是未来完成时的。杜威认为，处于经验当中的有机体之功能，就在于处理那些处于过程之中、处于操作之中、处于尚未被给予或者尚未完成的事态之中的事物。所以说，作为已经结束的事物，作为已经被给予的事物，它是没有价值的。此刻的经验的潜能在未来的某个时刻就具有实现的可能性，只有经过被处理的事物，它在可能显示出某些潜在可能性的情况下，才会受到人们的关注。

因此，经验活动的意义，还在于它们的客观效果，也就是它们未来的影响。这也就是说，杜威关注于实施经验过程当中的变化。他认为，有机体所拥有的那种用以控制它自己的未来的唯一力量，依赖于有机体目前用以改变在它的环境中将会发生的种种变化的方式。

从进化论的角度来看，杜威不仅关注经验变化的时间维度，亦关注到结构（structure）与过程（process）的进化关系，这二者应该是相辅相成的。在这里，杜威将那种比较缓慢和较有规则的有节奏事物称为结构，而把比较迅速和不规则的事物则称为过程。

在杜威看来，结构乃是手段的恒常性，它是用来达到某种结果的事物所具有的恒常性，而不是事物本身或者绝对地所具有的恒常性。结构是使得架构成为可能的要素，而且，除了处于某种现实的架构以外，它是不能被发现或被界说的。当然，架构就是变化的一个显明的程序。而所谓的结构，乃是变化所具有的一个稳定的条理。因此，如果把结构从变化中隔离开来，这将使结构变成一个神秘的东西——这恰恰是杜威所反对的——那就会将结构变成字面通俗意义上的形而上学的东西，甚至是一种鬼影般的东西。所以说，杜威在此既看到了结构的变动性，也看到了过程的恒常性。

按照杜威最重要的哲学著作之一，也就是《经验与自然》当中的核心看法——经验既在自然之内，经验也是关于自然的；经验“渗透”进自然，经验延伸到自然的“深处”。这意味着，经验与自然在某一种关联中和谐地存在在一起。即在这种关联中，经验乃是“达到自然”“揭露自然秘密”的一种方法，而且也是唯一的方法，并且，经验所揭露的自然也会随之得以继续深化，得以拓展丰富。比如在自然科学中利用经验的方法就会如此。反过来说，这种方法又指导着经验进一步发展，而且，这种变化的过程会随着人类的发展而加速。

在强调“经验既与自然相关”又“发生在自然之内”的时候，杜威有着这样的洞见：“被经验到的”并不是经验而是自然。他举例说，这些自然包括岩石、树木、动物、疾病、健康、温度、电力等等。那么，在一种方式之下相互作用的许多事物都是经验，它们就是被经验的东西。当它们以另一些方式与另一种自然对象——人的机体相联系时，它们就又是事物如何被经验到的方式。如此说来，经验达到了自然的内部，它就具有了深度；与此同时，它具有了宽度，从而能够扩张到拥有无限伸缩性的范围当中。

从另一个角度来看，杜威也把经验当作生活本身，当作人们自身的生活。既然，杜威已认定“经验即生活”，那么，可以确定的是，人们不是生活在真空当中，生活就是源于人们周围的环境而得以发生的，人们的生活就在这一环境当中得以延续。因此，杜威得出的结论是：哪里存在着生活，哪里就维持着与周围环境的双重联系。在他那里，生活与经验的确是紧密联系着的。经验包括物质世界以及人类生活的各个方面；生活则指“一种机能”“一种包罗万象的活动”，有机体与环境及其交互作用都包括在内。

进而，杜威意识到了，人们生活的发展形成了人类的历史。他非常看重生活与历史之本然关联。这意味着，生活和历史具有同样充分的未分裂的意义。生活本身是未分裂的，然而，只有在被反省的分析基础上，它才分裂成为外在条件与内部结构。

杜威所举出的被分裂的两面分别是：被呼吸的空气与能呼吸的肺，被吃的事物与进行消化的胃，被踏的地面与走路的两腿，等等。当代哲学家哈贝马斯也有类似的见解。他认为，在交往活动中发生“绝对确定性”作用的所谓“生活世界”，虽并不构成被认识的对象，但其成为人们处理事物的可信赖的依据，因而，又不可分离地同预先反思而得的认识相连。用更简明的语言来说，生活世界本身是要在反思当中得以认知的。

同理可证，历史也是如此。大家都知道，历史的范围基本上就是那些，杜威说，历史就是“所做的事迹”“所经历的悲剧”，而且，历史也是不可避免地相伴着人类的注解、记录和解释的。

从客观上讲，历史包括河流和山岭、田野和森林、法律和制度；从主观上讲，历史包括目的和计划、欲望和情绪。事物就是通过这些被管理和转化的。杜威认为，直接的经验就来自自然与人的相互作用，在这种互动当中，人的能量得以积聚、释放、抑制、受阻、遂愿，如此一来，欲望与现实，行动的冲动与这种冲动被抑制，循环往复，周而复始，从而形成了历史的基础。按照杜威的理解，历史本身也不能用“二元论”加以阐释和理解，只有在分析历史的时候，历史才成为被分裂的对象。

综上所述，杜威从这样的基础来看待所谓的经验，经验就是有机体与环境相互作用的结果、符号与回馈，当这种相互作用达到极致的时候，经验就转化为参与和交流，从而形成了人们的生活与历史。

如此这般，杜威继承了达尔文主义的思想，强调了人类生存的有机体的同一性和连续性，强调了人类本身就是嵌入生活世界当中的活的生物。只不过，杜威在实用主义哲学的高度层面上来强调这种连续。这种连续性，既出现在有机体与环境互动的水平面上，也出现在身体与心灵互动的垂直面上，两种层面的交互交叉，就造就了杜威独树一帜的经验观。

这种独树一帜的自然主义的经验观，在整个西方哲学史上树立起一座思想的高峰，这就是杜威真正的哲学原创性所在。

艺术即经验：经验的审美化特质

按照杜威的基本理解，经验如果达到完满，就具有了一种审美的性质，这也构成了杜威的经验观最具特色的一面。实际上，杜威的《艺术即经验》整本书的主旨，就在于恢复经验的高度集中与经过被提炼加工的形式——艺术品——与被公认为组成经验的日常事件、活动和痛苦经历之间的延续关系。

审美的问题也同理可证，杜威可以说具有一种“日常审美的冲动”，从而力求将审美恢复到经验里面去，重新寻求二者的本然关联。有趣的是，“美学”的英文对应词一般是“aesthetics”，大多数的英美学者在拼写“美学”时都在用这个词，而杜威的美学论著中用的却是去掉了“a”的“esthetics”，从而具有了一种更古朴而独特之意蕴和意味。

实际上，《艺术即经验》所表露出来的经验观，使得这本书成了杜威思想的拱顶石。这是由于，杜威“生活即审美，审美即生活”并未指向普通的生活状态，而是说，审美经验表征的是生活的完整状态。或者说，人们由于完整呈现出“基础特质”的经验就成为审美经验，这种经验也是为了人的生活的幸福而服务的。

在《艺术即经验》的第三章《拥有整一经验》当中，杜威特别提出了所谓“整一经验”（an experience）的问题。按照他的区分，“整一经验”与日常普普通通的经验是不同的。事物虽然被经验到，但是却没有构成这“整一经验”。只有当所经验到的物，完成其经验的过程而达及“完满”（fulfillment）的时候，才能获得杜威所说的“整一经验”。

具体来说，当物质的经验将其过程转化为完满的时候，我们就拥有“整一经验”。那么，只有这样，它才被整合在经验的一般河流之中，并与其他经验划出了界限。杜威的例证就是，一件艺术品被以一种满意的方式完成；一个问题得到了它的解答；一个游戏通过一种情境而被玩，这种情境，无论是进餐、下棋、交谈、写书，还是参与政治活动，都是如此紧密地围绕着这种完满，而不是停止。

按照杜威的理解，这种经验是整体的，保持了其自身的“个体性的质”（individualizing quality）与“自我充足”（self-sufficiency）——这才是杜威所谓的“整一经验”。

这意味着，生活及其经验，被杜威视为流动不居和不断绵延的。这种经验被认为构成了历史的事件，这些事件本身被认为是起承转合的，从起点到终点保持了韵律性的运动，从而获得一种所谓的“整一经验的整体性”（the unity of an experience）。

这种整体性，就呈现在经验的每一个部分都畅通无阻地流入下一个部分，没有缝隙，也没有未填充的空白。与此同时，在每个经验又不牺牲各个部分的个性。这是由于，在所谓的“整一经验”里面，流动的行程是从一个部分到另一个部分的，正是源自前一部分导出另一部分，而且另一部分恰恰是续接在前一部分之后，所以，每个部分又都是具有独特性的。

基于这种多样的独特性，相连的经验所构成的“持续的整体”（the enduring whole）就因强调各个阶段形成的色彩多元化而趋于多样化。杜威曾做出这样的比喻，经验的过程就像是呼吸过程，它是一个人吸入和呼出的节奏性运动。它们的连续性被打断，由于间隙的存在从而有了节奏，中止成为一个阶段的结束，另一个阶段的起始和准备。但这只描述了“整一经验”的多样化的这一面。

另一方面，杜威在经验具有如此多样色彩的基础上，仍强调，只有当经验具有统一性的时候，它才能成为“整一经验”。或者说，尽管某“整一经验”的内在构成部分是多变的，但是它由遍布了整个经验的单一性质所规定的。如此说来，整体的形式因而存在于每个成分当中。达到完满，亦即实现，是持续的活动，而不仅仅是中止，或者仅仅位于某个地方。显然，这又强调的是“整一经验”之统一性的方面，经验不仅不能走向乏味，所以才是多样的，也不能由于过分差异而被撕裂，所以才是统一的。

然而，“整一经验”本身并不都能成为审美经验。杜威明确将“整一经验”与审美经验细致划分开来，但又将二者本然地连通起来。他认定，如果取其所蕴涵的意义而言，“整一经验”同审美经验既有相通之处，亦有对峙之处。究竟原因何在呢？

按照杜威的看法，“整一经验”要具有“审美的质”（esthetic quality），否则它的材料就不会变得丰满，不能成为连贯的整体。这样，可能就将一个“活生生的经验”（a vital experience）割裂为实践的、情感的及理智的，并各自确立了与其他不同的特质。

然而，杜威对此的解答却并不那么令人满意。他认为使得“整一经验”变得“完整和统一”（completeness and unity）之审美的质就是情感性。或许可以由此推断，审美经验就是情感性的，尽管杜威承认在经验里面并不存在一个独立的名为情感的东西。但经验本身具有令人满意的“情感的质”（emotional quality），因为它通过有规律和组织运动，而拥有了内在的整合性和完满性。在此，杜威其实把自身的观念又禁锢了起来，一方面他放宽了经验的限度，这是事实，但另一方面却又将审美缩减到情感的狭窄方面上去了。

杜威自己也承认，他更多是用具有阐释性的形容词来描述普通经验、“整一经验”乃至审美经验的，而始终没有为我们给出经验的严格定义，只是通过说明各种经验的诸多特质来把握之。

然而，审美，在杜威心目中却是可以被基本限定的。杜威有过这样的精彩论述——审美的敌手不是实践，也不是理智，它们的敌手是单调乏味，目的松动而来的懈怠，在实践和理智过程里面对惯例的屈从。杜威说得再明确不过了，其实有两个方面基本背离了作为整体的经验和作为经验的整体：一个就好似严守成规和禁欲不前——“松散的连续性”（既没有特别的开始又没有特定的终点或中止），另一个则好像是漫无目的和放纵无礼——“抑止和收缩”（只存在各部分间机械联系的活动）。这恰恰都是审美经验的对峙面。

的确，审美的对立面就是非审美。按照传统的美学观念，特别是康德美学的主客二分的理念，拥有非利害的基本规定之审美，它的对手就是前面所言的实践和理智。然而，从杜威的经验观出发，作为经验的完满状态的审美，却最害怕具有不完满特性的紧张和松懈这两种状态，无论是在经验里面严守纪律还是无条理放荡，都不能达到取其中项的居间状态，从而向着自身的完满状态发展运动。这多少与中国传统文化所讲求的“执两用中”相近吧。

当然，这里面，杜威强调的无非就是一个度的问题。他认为活跃在经验里面的能量已起到合适的作用（done their proper work）的时候，就可以终止，从而达到了每个完满经验最终实现和完成的事实，并成为“经验的统一体”（a unity of experience）。只有达到了这种不多不少的恰当程度，艺术和审美里的经验，才会以各种不同的活动、情节和事件融化和整合为整体。

此外，在实用主义美学看来，审美经验和艺术经验，并没有与其他类型的经验形成断裂，审美经验恰恰是日常生活经验的一种完满状态。杜威特别强调审美不能与“智性经验”（intellectual experience）截然分开，如我们常说的科学思维只要达到自身完满，就必然被烙上审美的印记。实际上，科学思维的最高境界往往带有审美的性质，在那个层级上，真与美的确是内在相通的。

关于思维与审美的关系，杜威的论述非常直接：不与感性生活之美血肉相连，思维就是没妈的孩子、不结果实的花蕾。实际上，杜威所反对的恰恰是西方根深蒂固的传统，也就是将理性知识与感性生活割裂开来。从柏拉图的“理念”、中世纪的“天国”、康德的“物自体”到黑格尔的“绝对理念”，都将知识与生活、与美加以分离；但是杜威却一方面仅仅将知识作为生活的工具，另一方面又将生活与审美相互打通。由此而来，从完满的经验出发、用知识来引导行为，才能达到既真且美的结果。

杜威其实也在强调日常审美冲动的概念与更深层的理论研究是相容或者互补的。“整一经验”的流动，就是从某一经验部分流向另一经验部分，经验部分与部分之间不存在决然的裂痕。在单一的质的引导下，“整一经验”达到了完满，这样，内在阶段运动的和谐，就使得经验从背景中凸现出来，而并非断裂开来。在杜威看来，属于这种经验的完满的，绝不仅仅包括如艺术创造这类的审美经验，还包括其他一系列的生活经验。

当然，在实用主义视野中，审美经验论的缺点也不时凸显出来。这是因为，并非所有的艺术品的审美经验都能达到杜威所期望的完满，而且，这种对审美经验之中只保持一种单一的质的诉求，也忽视了审美经验复杂的变数。比如约翰·凯奇（John Cage）的《4 分 33 秒》这个音乐作品，艺术家坐在钢琴前没有演奏而沉默了 4 分 33 秒，就没有按杜威所示将审美经验与外围经验区分开来，而恰恰是模糊了这种区分，是一种无乐之乐的追求，这在中国文化看来似乎更好理解一些，那就是“此处无声胜有声”。

总而言之，在实用主义看来，审美经验和艺术经验，并没有与其他类型的经验形成断裂，审美经验恰恰是日常生活经验的一种完满状态。这是从经典实用主义到新实用主义的美学一以贯之的东西。

以杜威的后继者、美国学者欧文·埃德曼（Irwin Edman）在《艺术与人》（*Arts and the Man*）专著当中的阐发为例，我们来看看，杜威的美学是如何被更通俗地理解的。埃德曼认为，无论什么样的生活，大都是“整一经验”。无论是什么样的经验，大都是永恒之中的一段“持续流动的时间”和“婉转多变的插曲”。实用主义视野中的经验，可能像婴儿和天真烂漫的人那么简单，也可能像科学家、诗人、情场老手那么复杂。普通的经验，不论是现实的还是本能的冲动，都是既不稳定又缺乏生气的。按照这种观点，我们的本能和需要促使我们从一个事物转向另一个事物。我们选择的每一步对我们的欲望和目的来说都是必需的，因此就存在着起码的、自由的和各个方面的艺术化见解。

所以，诸如埃德曼这样的实用主义的后继者看来，艺术家的主要职责之一，就是运用生动的手法反映有趣的经验。艺术家，无论他是诗人、画家，还是雕塑家，还是建筑师，都要对各自的对象进行加工。诗人和小说家对素材加工，迫使目光停下来观察，从中得到乐趣，迫使耳朵倾听，迫使头脑留意，从发现悬念或出其不意中，获得强烈的、超越现实的乐趣。

这是对杜威思想的很好的解释和拓展，尽管这种理解具有一种将杜威通俗化的倾向，但是其基本方向却是正确的。这个基本方向就是将审美经验恢复为“整一经验”，将“整一经验”恢复为经验。

如果说，古典的审美心理偏重考虑的是经验的形式的话，那么，实用主义美学更为关注经验的内容，并竭力使这种内在特征得以普遍化；如果说，古典的审美主义偏重考虑的是美与功利生活的绝缘的话，那么，实用主义美学更为关注审美经验与日常生活经验的连续性。我们知道，真正在20世纪后半叶西方美学界唯一占据主导地位的分析美学（analytic aesthetics），则干脆逃避了这种话语语境和言说方式，从置疑审美态度和审美经验开始，直到认定审美经验已经终结，从而在另一条道路上背离了经验。在这个意义上，分析美学的这种主流，似乎又站在了实用主义的现代版本的对立面上。

杜威的美学思想，在当时20世纪早期的美国就产生了一定的影响，特别是关于审美经验的观念更是具有巨大的阐发力和开放性，而今新实用主义美学的复兴也是从复兴审美经验开始的。杜威的美学本身实际上是指向了一种生活的艺术，这预示了一种崭新的美学方向，当下在欧美所谓的“生活美学”也得以出场。但是，杜威的美学并不是为美学而美学的，他的美学反思是建立在其哲学转向基础上的。

教育即经验：经验的生长与重组

众所周知，在杜威看来，哲学的改造、教育的改造和社会理想与方法的改造，理应是携手并进的，这不仅是理论主张，而且也是实践方向。在这方面，杜威的比较重要的著作就是《民主与教育》，该书的副标题就是《教育哲学引论》。

这种教育哲学思想，在杜威那里，与民主主义的发展、科学上的“实验方法”、生物学上的“进化论”思想及“工业的改造”联系了起来，所以，杜威由此才能获得了对教育的崭新的哲学阐释。杜威自己甚至把这本《民主与教育》看作他哲学陈述最充分的一本书，可见他对哲学与教育的关联的重视。但是，杜威进一步感叹，哲学研究者并不关注这本书，也就是并不关注“教育哲学”问题，虽然他们大多数也都是老师。

杜威赋予了教育极高的地位，他终其一生都关注人类教育问题。他认为，哲学的探讨应该聚集在作为人类的最高利益的教育上面，而且许多其他的问题，诸如宇宙的问题、道德的问题和逻辑的问题，也都在教育当中达到了极点。

还是得从杜威的经验观谈起，因为杜威的教育哲学思想可以被看作他的经验观的延伸，而且他的教育社会学思想，则可以被视为他的改造社会观念的核心方面。

总体来看，杜威把教育看作是经验的“生长”（growth）与“重组”（restructuring）。在这里所谓生长的首要条件就是未成熟的状态，所谓重组也关注于经验的不断变化。所以杜威认为，教育的过程就是一个不断改组、不断改造的过程。而且，更为重要的是，教育的过程在其自身之外并无目的，教育过程本身就是自己的目的。

在杜威看来，传统的教育思想并没有达到生长论的高度，其中，一种思想主张教育是由内而外的，另一种思想则主张教育是由外而内的。前者认为，要从内部将潜在的能力加以展开，后者则认定，要从外部进行塑造工作，当然它们所依靠的资源或者是生理的本质，或者是文化的遗产。然而，教育被杜威看作经验的“不断改组与改造”，这是一种对教育的哲学理解的突破。在人类经验发展的任何一个阶段，从婴儿期、青年期到成人时期，真正构成经验的价值的，乃是在每一个阶段使生活过得有助于丰富生活本身并获得相应的意义。

当然，杜威的教育思想是非常丰富的，“教育即经验”恰恰是他的核心思想。与这个定义直接相关的，还有这样两句口号式的理念，即“教育即生活”与“教育即生长”。学校教育的价值，学校教育的标准，就要看它创造“继续生长”的愿望到了什么程度，看它为实现这种愿望“提供方法”到了什么程度。所以说，要让人们乐于从生活当中学习，乐于把生活条件造成一种境界，使得人人都能在生活过程当中学习。

那么，既然要在生活中学习，究竟什么是生活？前面已经讲过，在杜威那里，在某种意义上，生活几乎成了经验的同义语，“生活经验”也是杜威常用的术语。因此，杜威特别强调“从生活中学习”“从经验中学习”才是最佳的教育。

经验的生长与重组，实际上所说的就是生活的生长与重组。“教育即经验”，实际上所说的就是“教育即生活”，因为“生活即经验”，这才是杜威教育思想的内在逻辑。生长就是生活的特征，所以，教育乃是生长。按照杜威的理解，生活就是发展，而不断发展，不断生长，就是生活。因此，教育也是一种发展，教育并不是将来生活的预备，教育在现在的生活过程之外并没有任何目的。

由此，杜威反对三种消极的思想，而这三种思想往往成为教育的主要障碍。其一，把未成熟状态只看作是缺乏发展。这样做所带来的错误就是，不去考虑儿童的本能的能力抑或先天的能力。其二，把发展看作是固定环境当中的静止状态。这样做所带来的后果，便是不去发展儿童面对新的情境的首创精神。其三，常常把习惯视为具有僵硬性。这样做带来的结果就是，过分去强调训练之类的方法，养成了机械的机能，从而牺牲了个人的理解力。在杜威看来，这三种思想倾向的共同之处就在于，它们都把生长或者发展，视为是朝着同一固定目标进行的运动。

杜威认为，“生长的能力”，既依赖于别人的帮助，又依靠自身的可塑性。在这里，所谓的可塑性或者从经验学习的能力，就意味着形成习惯。这是由于，习惯就是生长的表现。习惯的功能，就在于能够控制环境，并且为了人们的利益而利用环境。

但是，习惯却可以分为两种形式，一种是被动的，一种是主动的。“被动的习惯”就是我们习以为常的形式，也就是有机体的行为与环境所取得的持久而全面的平衡。“主动的习惯”则是能动地调解自己的行为，并凭借它来应对新的情况的能力。杜威认为，“被动的习惯”只能提供生长的环境，而“主动的习惯”则构成了不断的生长，当然后者较之前者才是可取的。

那么，这种“主动的习惯”主要包括哪些层面呢？杜威认为，这种习惯主要包括思维、发明和使得自己的能力应用于新的目的之首创精神，它与“被动的习惯”的那种阻碍生长的墨守成规是刚好相反的。在此基础上，杜威赞同的只能是主动的而非被动的习惯。

其中，“杜威思维”在教育过程当中扮演了重要的角色，这就是一种具有教育意义的实验的方法。这种思维过程，既是组织思想的方法，又是做学问的途径。杜威从自己的思维“五步法”当中，类推出他的著名的教学法：

第一，学生要有一个真实的经验的情境——要有一个对活动本身感兴趣的连续的活动；

第二，在这个情境内部产生出一个真实的问题，从而作为思想的刺激物；

第三，学生要占有知识资料，从事必要的观察，以便来对付这个问题；

第四，学生必须负责一步一步地展开他想出的解决问题的方法；

第五，学生要有机会通过应用来检验他的想法，使这些想法的意义明确，并且让他自己去发现它们是否有效。

这就是杜威著名的解决问题的“五步法”，完善的教学法基本包括如上的这些程序，尽管，在操作过程中，教师可根据具体情况省略其中的某个步骤。当然，杜威这种教育观念，正是他的哲学思想的延续，他不仅在教育过程当中关注学生与环境的互动，而且，更加关注教育过程当中的身心互动。著名的“从做中学”的呼吁，也就由此而生。当然，这种注重操作的教育理念，也曾经对美国的教育界乃至中国民国时代的教育界产生了深远的影响。

最后，我们想回到1897杜威所列举出来的“我的教育信条”（my pedagogic creed）作为本章的结尾，杜威的教育思想的精华大致都出现在这里。

因为，从来源上看，经验在很大程度上都来自教育，从思想结构上看，杜威的教育哲学可以被视为他的自然经验主义得以延伸的终端。

首先，杜威是这样论述教育与生活的基本关联的：

1. 教育是生活的过程，而不是将来生活的预备。

2. 学校必须呈现现在的生活，即对于儿童说来是真实而生气勃勃的生活。

3. 学校科目相互联系的真正中心——儿童本身的社会活动。

其次，杜威是这样论述教育与社会的主要关联的：

1. 教育过程有两个方面：一个是心理学的，一个是社会学的。它们是平列并重的，哪一方面也不能偏废。

2. 一切教育都是通过个人参与人类的社会意识而进行的。

3. 受教育的个人是社会的个人，而社会便是许多个人的有机结合。

再次，杜威是这样论述学校与社会的特殊关联的：

1. 学校主要是一种社会组织。教育既然是一种社会过程，学校就是社会生活的一种形式。

2. 在理想的学校里，我们得到了个人主义和集体组织的理想之间的调和。

最终，杜威是这样论述教育本身所具有的重大价值和意义的：

1. 教育是达到分享社会意识的过程中的一种调节作用，而以这种社会意识为基础的个人活动的适应是社会改造的唯一可靠的方法。

2. 教育是社会进步及社会改革的基本方法。

这就是作为杜威哲学思想极点的教育理念：实施教育，就是为了获得人类的最高利益。教育哲学在杜威思想当中，不仅是最终的落实，也是终极的实现。由此，教育哲学，方可能成为未来最重要的哲学形态之一。

第 4 章

理智的探究方法与真理的操作手段

任何一种新的哲学思想的出现，都与哲学家所创生出来的崭新的哲学方法论是内在相关的。杜威所创造的新的经验哲学，背后所使用的乃是一种颇为新颖的“经验方法”（empirical method）。这种经验方法，乃是唯一能面对经验加以整合的方法，它甚至被杜威当作哲学思考的出发点。

这种经验方法之所以与以往的一切哲学方法划清了界限，在杜威看来，就在于传统的哲学方法论都是从反思的结果出发的。这样一来，在起点上，过去的哲学家们就已经先在地把经验一分为二，也就是区分为“被经验的材料”与“经验的行为与状态”，这仍囿于传统的“二元论”的思维范式。

这就又关系到杜威对经验的等级的划分。从这一划分开始，来探究杜威关于人类“理智”（intelligence）的独特思想，或者说，本章主要聚焦于杜威的哲学方法问题：他究竟是如何在哲学实践当中来实践哲学的呢？

探究法：程序主义的做法

在杜威看来，人们的经验并不是整一的，而是具有两种基本的形态，一种是初级的经验（primary experience），另一种则是次级的经验（secondary experience）。这一“初”一“次”的经验，到底如何区分呢？到底是什么造成了这种经验的区分呢？

杜威对这两种经验的另一种命名方式，很好地揭示了这个问题。杜威称初级的经验为非反思的经验（unreflective experience），称次级的经验则为反思的经验（reflective experience）。英文的一个前缀之差，就显露出根本的差异，后者较之前者有了反思的要素。实际上，无论是初级的还是次级的经验，都是作为被经验的材料而存在的。只不过，初级的经验极少存在，哪怕是偶然的反思，而后者则是作为最为有规律的思考之结果而存在的。这意味着，反思的经验之所以不是非反思的经验，就在于它包括了有目的、有步骤、有规则的思维运作。

举例来说，初级的经验就是在日常生活里面直接面对某一东西，无论是经历一次地震还是欣赏一幅画，都是未加反思的。但是，次级的经验却彻底成为具有理智性的反思的后果。当人们对于地震的来源进行研究，对于一幅画的真假进行质疑的时候，就已经从初级进入到次级的经验当中了，也就是把经验“升了级”。

我们已经知道，杜威的经验的另两对的联合特征，就在于经验本身既是“做”与“经受”的统一，又是认知与领受的合一。如果我们结合这种经验分析的后一类进行解析，就可以看到，如果人们只是面对事物加以“领受”（having）的话，那么获得的只能是非反思的经验。进而，如若人们对于这种被领受的对象进一步加以“认知”（knowing）的话，显而易见，就形成了或者说使用了我们通常所说的抽象的概念乃至理论，这就已在非反思的基础上打造出来反思的经验了。

当然，杜威本人似乎对抽象一词，保持了一定的怀疑。他认为，我们常常误用的抽象会使被独占的领域同日常经验绝缘。较之具体的经验，抽象物处于被视为是更高的形而上学或者本体论的层次，这也恰恰是传统的哲学所使用的抽象含义的所位居之界域。在杜威看来，传统的抽象过于抽象化了，自从柏拉图把抽象当作形而上的实体之后，整个西方哲学误入歧途。抽象与具体之间本应具有一种活生生的互动关系，就像我们的经验从抽象的实体与关联当中获取资源那样，反过来，抽象也成了发展新意义的工具，但这种意义却又被带回到具体的存在经验当中。

当经验本身上升为一种经验方法的时候，这种方法最能体现杜威意义上的经验的规范性的力量，杜威用一个不同于传统认识论的语词对这种方法进行形容，那就是探究（inquire）。

实际上，杜威所谓的探究的内涵，与刚才所说的、作为反思的经验的内核的“反思”（reflection），它们的基本意思是非常接近的。只不过杜威对反思一词的使用也是非常规意义上的。在某种意义上，杜威已经将探究视为具有反思性的有机体在适应环境的过程中建立起来的稳定性的基本方式。那么，杜威究竟是如何来理解探究的呢？

所谓的探究，就是一种反思性的活动。这种活动就是对不确定的情境进行有控制的或者有定向的转变，将其在构成的差异和关系上转变为确定性的，从而使原初的情境的各个要素转化为统一的整体。如此看来，杜威所反对的正是传统的那种认识论的路径，按照这种路径走下去，就会把以信念或者知识来指代探究的结果。但杜威似乎更强调的是，作为有机体的行为的探究，始终是处于情境的动态性当中的，而且探究是面对现实产生的问题而出场的。

进而，可以追问，探究的目的究竟是什么呢？显而易见，杜威拒绝将抽象本身作为目标，就像传统的认识论所做的那样，最终要获得各种各样的抽象物。尽管，在探究当中始终包含作为工具所用的抽象，但抽象的价值，必须是在探究过程当中被决定的。

探究的真正目的，就在于使得具体的世界产生某种变化，发生某种功用，这就是说，探究的目的就在于改变世界，而非解释世界。杜威得出结论，探究是属于在世界之中而非在心灵或者意识之中发生的行为或者行动。

但无论如何，杜威都赋予了这种独特的探究方法以“程序主义”的规定，这就是在中国相当出名的“五步法”，或者叫作“思维五步法”。

有趣的是，杜威在1910年出版的《我们怎样思维》一书当中，还是传统的“五步法”；但是到了1938年的《逻辑：探究的理论》里面，杜威又发展出了“六步法”。但关于如何反省思维，在他那里还是大同小异。

必须指出，如果仅仅从传统的形式逻辑角度来理解杜威的逻辑学的话，那就南辕北辙了。杜威更多探究的还是探究的逻辑而非作为逻辑的纯逻辑，或者说，在他眼里的逻辑是对探究的探究。所以，杜威认为，一切的逻辑形式（logical forms）都开始于探究的实施，而且，与对于探究的控制是直接相关的。

探究的最初功能，就在于把所探究的题材纳入所规定的形式内；而逻辑的最终功用，就是说明这些形式并展示出与其他形式的关联，从而使之适用于未来的探究。由此可见，逻辑在此也就变成了达到未来的结果之手段而已，其实可以看出，逻辑的实践内涵被杜威加以拓展了。

既然在杜威那里，逻辑形式不同于形式逻辑，那么，从杜威更简约的“五步法”来看，杜威究竟是如何规定思维进程的逻辑的呢？杜威关于思维的五个步骤分别是：

第一步，感觉到疑难，也就是形成疑难的情境；

第二步，寻求疑难之所在，或者说要去确定疑难在哪里；

第三步，提出解决所面对的疑难的各种假设；

第四步，对这些假设进行推断，或者说根据假设进行推论；

第五步，要用行动去验证假设，或者去修改假设；

比较而言，杜威所谓的“六步法”分别是：

第一步，探索的先决条件，不确定的情境；

第二步，问题的设立；

第三步，问题—解决的确定；

第四步，推理；

第五步，事实—意义的操作性；

第六步，尝试和科学的探索。

从今天的视角来看，这种思维方式，无非在言说一种人类的普遍思维进程：首先是发现事实，其次是发现问题，再次是提出假说（有论者在这一环节之前加上了分析的环节），然后是做出推论（有论者在这一环节之后加上了综合的环节），最后才是验证。似乎实用主义者的着力点，就在于最后一个环节。

当然，在杜威的巨大影响下，关于这种思维方式有着各种各样的阐发，比如将该程序分为准备阶段、酝酿阶段、豁朗阶段和验证阶段；再如具体分为发现困境、发现资料、发现问题、发现构想、发现解答和寻求检验如此等等。无论怎样描述，从不同的角度，都有不同的侧重。实际上，林林总总的思维程序都是大同小异并殊途同归的，而且最终都要经过实践的检验，这才是实用主义的精髓所在。

杜威这个著名的“思维五步法”在中国曾广为人知，再经过胡适的“多研究些问题，少谈些主义”的宣扬，更是在民国时代教育界等领域被广泛接受。在上一章的最后一节当中，我们谈到的杜威的“教学五步法”，其实也基本上是所谓的暗示—问题—假设—推理—验证的某种翻本。在杜威的教育方法当中，教学过程首先就是要为学生提供情景，然后让学生在情境之内发现问题，进而产生对解决问题的思考和假设，再就是对于这些假设加以整理和排列，最后则是通过应用来检验这些假设。

总而言之，杜威从他的经验哲学出发，在所谓的“后反思”（post-reflective）阶段而非“前反思”（pre-reflective）阶段，对人类的基本探究方法进行了描述，从而将他的哲学所蕴含的工具主义与操作主义的倾向皆显露了出来。无论是工具主义还是操作主义，其所具有的“主义”更多还是与杜威的独特之真理观相关的。

真理论：工具主义的验证

实际上，杜威对于“真理”（truth）这个传统哲学词语，是持一种审慎的态度的。任何哲学都自称追求真理的哲学。哲学就是关于“真”之探求的，这种想法即使在今天也被广为接受。有趣的是，杜威这种想法越到晚年就越强烈，终于在撰写《逻辑：探究的理论》一书的年代，杜威呼吁，干脆就将真理这个词从哲学辞典当中驱逐出去得了！

更为有趣的是，杜威对于“真”的各种用法进行了语言分析。他认为，关于“真”，至少有三种用法：

第一种用法，是作为名词形式的“真理”。比如说，“我们为了真理而斗争”中的“真理”。

第二种用法，则是作为形容词形式的“真实的”（true）。比如说，“你的存在是真实的”这句话当中的“真实”。

第三种用法，才是杜威真正关注的，作为副词使用的“真实地”（truly）。比如说，“我真实地去做了什么”这里面的“真实地”。“的”与“地”的汉语细微之别，恰恰道明“真实的”是服务于名词的，“真实地”则是服务于动词的。

从杜威的那种行动哲学之视角来看，从真理、真实的到真实地，恰恰就像是从传统哲学思维转向了实用主义哲学范式。这是因为，作为名词的“真理”只是一个类名，如马就是类名。中国墨家典籍《墨子》所谓：“命之马，类也；若实也者，必以是名也。”正是此义。

然而，在杜威看来，这个作为名词的“真理”意味的应当是接近动词的、作为复数存在的“致真”（truthings），如果被转移为“真的”（trued）则更为准确，如果再一步将之确定为“真实地”，则更为接近实用主义的真理论。

因为，已经成为副词的“真实地”，早已对作为抽象名词之“真理”不屑一顾。所以说，只有“真实地”才是诉诸行动的，而“真理”则是一种传统形而上学的幻景而已。“真实地”既然直指一种具有操作意义的行为方式，那么，它就要去应对在某种情境当中的局面。在这个意义上，从副词再来反观作为名词的“真理”，那么可以认定，杜威所谓“真理”，实际上就是指那些经过它们的功用和效果所证实的、实际的、预想的以及所愿望的工具或手段。

由此而论，杜威真理论的工具主义特色似乎是不加掩饰的。所以，中国大陆的思想界对杜威的批判尤甚，把主要的火力集中在所谓的“有用即真理”论上，因为这一主张显然与真理是对客观世界正确认识的一般看法相悖离。然而，“有用即真理”这种思想似乎与詹姆斯的主张更为接近。詹姆斯明确主张“有用因为是真的，真的则因为有用”。杜威与詹姆斯的相关理论，从渊源上来说，似乎都与皮尔士的“意义操作理论”内在相通。无论怎样，在三位美国本土哲学家的思想之间做出辨析，可以发现从皮尔士、詹姆斯到杜威的真理论是一脉相承的，这种理论至今在美国仍有市场，特别是它与分析哲学传统结合之后更是如此。

质言之，按照杜威的理解，实用主义的真理论的工具主义就表现在，几乎所有的实用主义者都将立足点置于观念、理论和思想的工具功能上，将主要的力量都聚集在它们的实际效用上，把它们究竟能在实践当中产生何种实际效用作为最终的标准，从而反过来对观念、理论和思想之真进行判断。

所以，杜威之所以认定，实用主义哲学正在实现一场“哥白尼式的革命”，就在于这种属于美国本土的新哲学，坚持行动的可能性而非坚持先例，坚持对后果的关注而非先在的现象。或者可以这样说，这种翻转过来的真理观，并不像以往的哲学那样将眼光放在那些“最初的东西、原则”“范畴”“被假定的必然性”上面，而是实现了一种往将来看的哲学视角转变，进而将目光投向了那些最后的东西、结果、后果与事实。

从欧洲哲学史的传统来看，曾最占据主流的真理论，就是所谓的“真理符合论”（correspondence theory of truth）。从亚里士多德开始，就占据了西方两千多年知识论传统的“真理符合论”，在《形而上学》当中就得到了完善而明确的表述。哲学被称为“真理的知识”自属应当。因为理论知识的目的在于真理，实用知识的目的则在于功用。每一事物之真理与各事物之实是必相符合的；而且，符合论的早期形态仍是从“主体—客体”相互统一来理解真理的，将真理视为认识与对象之间的一致或符合。

我们都知道，这种符合论的真理论，要求一种超出主客两面的绝对立场，这种看似决然中立的判断立场所要求的超越性，其实也并不可能完全实现，超出主客的“第三判断者”只是个虚妄的存在。哈贝马斯看到了问题的背面，他认为这种真理论不仅预设了主体与客体、话语与实在之间的对称关系，而且要求话语主体间的绝对同一。这是由于，哈贝马斯将真理置于“主体间性”的视角之中，看到了真理实际上是要求“主体间性”的普遍赞同的。真理符合论则根本无视于这种视角，而单纯地在参与交往的主体间里做出相互决然同一的理解。

然而，杜威对这种真理符合论的态度是极为暧昧的，可以说，他既不同意又同意这种符合论。从他的基本思想倾向上来看，杜威的真理论的确与传统的符合论迥异。但是，杜威还是试图赋予“符合”另外的含义，从而将自己的真理论修订为另一种符合论。在后来者们看来，实用主义的这种真理观，实际上是把符号论与融贯论的合理要素组合在一起，从而形成更为崭新的结论。

应该说，杜威是从“操作的”（operational）的意义上来重新理解符合论的。他认定，不应把符合只看作观念与事实的相配，而更应视为一种检验：检验观念是否与事实相匹配。由此来看，杜威都不过将所有的概念、学说和系统视为假设而已，它们是否为真抑或成真，关键在于，是否把它们看作验证行动的工具，而非行动的结局。所以，只能求助实验操作，来检验按照观念所做的获得的东西，是否达到预期的意图、目的和效果。

再从操作主义的角度观之，杜威在他的晚年抛弃了实用主义这个称谓的同时（他不赞成别人称自己为实用主义者，就像马克思本人否认自己是当时意义上的马克思主义者、海德格尔也不认同自己是存在主义者一样），还提出了——“有根据的可断定性”（warranted assertibility）这个著名的范畴，从而来丰富他的真理理论。

从表面上看，“有根据的可断定性”这个著名的范畴，包括两个部分：真理必定是有根据的与真理需要是可断定性。

有趣的是，这两个部分的意义指向却刚好是相反的。按照时态的解析，“有根据的”必定是过去完成时的，而“可断定性”则是指向将来完成时的。前者所知的东西是单独的，而后者所断言的则是普遍的；前者所保证的是反思的结果，而后者的潜能可以适用于未来的情形。就这样，杜威实现了“有根据的”与“可断定性”之间的奇妙结合，从而拓展了西方关于真理问题之基本阐释。

杜威坦言，“一切存在性的操作”，亦即采取行动、做某件事情和完成某种工作，都是以产生对“有根据的可断定性”发生任何影响的那些后果的唯一的手段。这便又将操作主义同杜威晚期的真理理论衔接了起来。

杜威还是一贯地要从后果当中去寻求真理的检验标准，他强调，必须要对所推论出来的材料进行检验。照此而论，杜威所拒绝的，恰恰是传统哲学所笃信的信条：工具已经在探究当中被预先地提供出来，而认定进行实验的根本目的，就是为了重建被经验到的情境从而造成更有效的后果。这样说来，杜威晚期所说的“有根据的”“可断定性”，就是来自被经验到的东西的“实验性的控制”，在其中，现存的工具和材料以崭新的方式组合在一起，从而形成了新的真理观。

符号学：交往主义的媒介

在20世纪中叶，杜威所代表和引领的实用主义哲学在美国新大陆的主流地位，被以语言分析为方法论的分析哲学取代了。其中一个重要原因，亦在于实用主义更为关注改造社会而不关注语言问题。

但实际上，杜威本人对于语言也有深入的洞见，当所谓的后分析哲学（post-analytic philosophy）将分析传统与实用传统综合为一体的时候，语言问题就继续被凸现了出来。在前文提到的杜威著名的“思维五步法”当中，语言都扮演了重要的角色，特别是在假设、推理和试证等环节，更是如此。

在杜威那里，符号（symbols）与信号（signals）被明确区分开来，或者说，杜威看到的更多地是二者的差异。但是，对于符号与语言，杜威似乎更强调它们的相通性。关于符号与信号的区分，杜威所举的例子就是信号旗。他认为，信号所传递的是信息、理念和方向，但是，国旗则更接近符号，从而成为国家的凝缩的替代品。

类似的是，美国女哲学家苏珊·朗格（Susanne K. Langer）从她的符号哲学出发，也区分了符号系统与信号系统。这位历史上为数不多的女哲学家认为，信号一般仅由主体、信号、客体三者构成，这种系统是内在封闭的，并不能指向外部的资讯，否则就会产生歧义。然而，符号系统则包含主体、符号、概念和客体四个元素，但这并不是简单的量的增加，而是产生了质变。关键就在于符号本身的特质：一方面，它并不是内指的，而是往往能指向外部的，符号不仅与对象构成单维关系，而是包孕了更为丰富的外指内涵；另一方面，更重要的是，符号还包孕了概念活动，因为符号具有某种抽象能力，而并不如信号那样停留在物的表面。如此看来，符号与符号化的对象（object symbolized），都具有一种共同的逻辑形式（logical form）。

杜威并没有在符号与语言之间做出明晰的分界，他对语言做出了一种更为广义的理解。杜威认为，所谓语言，除了口头说的和所写的以外，还包含有许多别的东西——姿势、图画、纪念碑、视像、手势和任何有意用来做符号的东西。从逻辑上说，这些都是杜威意义上的语言。照此而论，杜威在交替地使用语言与符号两个词语。如果说，口说与手写的是语言，那么，杜威在后面所描述的东西则更多属于符号，二者基本上还是可以相互区分的。

杜威本人更侧重于将符号分为自然的与人为的这两类，前者如乌云出现就预示下雨之类，后者则是语言、姿态、图画、碑刻之类。按照杜威的根基自然主义的经验主义思想，符号与自然、经验都构成了紧密的关系。一方面，符号也是自然的产物。杜威认为，随着符号的发展，有机体与环境的交互作用，便朝着预期的结果发展。正是在这个时候，这种交互的作用便具有了理智的性质，知识也就由此得以增长。另一方面，符号仍是在经验当中发展起来的，符号对自然事物做出了有意识的修改。这些人为的符号的良好设计，不仅提供给人们各种各样的结果，而且，提醒人们各种保证取得预期结果和避开预期结果的方法。

有趣的是，杜威对待符号的态度，仍是那股实用主义的味道。他甚至认定，我们对于符号，不必问及它“本身是什么”，只要注意其“所代表的或表示”的是什么。杜威举出了最常见的例子，“狗”这个词的拉丁文为 canis、德文为 hund、法文为 chien、英文为 dog，这些分别是“狗”的命名，但是，由于它们所表示的意义都是一样的，虽然外形有差异，但这也没有什么关系。

在这个方面，杜威显然触及了著名的语言学家索绪尔（Ferdinand de Saussure）对于语言与言语的两分法，这特别关系到“所指”（designatum）与“能指”（signans）的基本关联。但是，杜威的意思是说，只要知道并会利用这些用法就可以了，他其实并不关注所指与能指究竟是如何关联的，并不需要对符号之类给出精确的界定。杜威认定，如果符号不能让我们标记和维持作为推论基础的事物的性质，那么，把事物看作符号的能力就不能算是成功的。

杜威的语言论和符号学，最具特色的地方，就在于他从行动出发，强调了语言和符号的交往性质。

杜威从这个基点上认为，语言基本上是一种行动的样式，但是，更重要的是，语言被用以影响一些其他的与这个发言者有关的人们的行为。这就关系到了其他人的问题，与其他人就产生了交往，语言就要显现出人们相互交往的关系。如果回到杜威的工具主义的立场，那么，语言就是人们进行社会交往的工具。

杜威在《经验与自然》当中，对人与动物进行了这样的区分：母鸡的活动是自我中心的，而人类的活动则是共同参与的。只有人才能把他自己放在如此这般的情境的立足点上，即在此情境里面起码有两方面来共同参与。在杜威看来，这就是语言或者符号的本质特征。就像 20 世纪的结构主义语言学（the structural linguistics）所宣称的那样，杜威也关注到了语言存在的两个方面：一面是“言者”，另一面则是“听者”。语言就是至少在这两个人之间实现交互作用的一种方式。

杜威由此得出结论，“语言的要点”，并不是对于某些“原先存在的事物的表达”，更不是关于某些“原先就有的思想的表达”，而在于沟通。语言的首要功能并不表达思想，而在于社会沟通，这种想法与哈贝马斯的“交往理论”又是何等地相似。

哈贝马斯提升了“协同一致”的交往活动的地位，强调了人与人交往的主体间性，并将语言嵌入这种沟通与交往当中。当然，社会也就存在于这种沟通与交往当中。所以说，无论是哈贝马斯还是杜威，似乎都关注到了语言的社会属性。当然，哈贝马斯更侧重于发展出一种普遍语用学（general pragmatics），而杜威则趋于走向一种实用化的符号论。

无论怎么说，杜威都早于哈贝马斯将语言置于社会关系当中。杜威关于语言的界定，要预先承认一个组织起来的群体，而“言者”与“听者”都属于这个群体之内，而且，他们两人是从这个群体中获得他们的言语习惯的。因此，杜威认定，语言就是一种关系。在他看来，语言基本上是一种行动的样式，被用来影响一些其他的与这个发言者有关的人们之行为。

杜威还从历史与逻辑的统一的角度，来看待语言的基本功用：语言首要的推动力是通过对愿望、情感和思想的表达来影响别人的活动。语言的第二作用，就是用它们进入紧密的社会联系。语言作为思想和媒介的作用则是第三位的，并且相对来说是迟一些的作用。当然，这三重功能在杜威心目当中是递推式的，他强调的核心仍是一种语言的交往主义。杜威这种语言哲学和符号思想曾经被忽视，但是在如今的英美哲学界却愈加得到重视，杜威的思想也在积极推动分析哲学的拓展。

科学观：人文主义的建构

杜威在一篇论宗教、科学和哲学的关系的文章开头，引述了英国大哲学家罗素的《宗教与科学》（*Religion and Science*）一书当中的观点——科学和宗教是“社会生活”的两个方面。进而，杜威认为，西方社会中的人们很少怀疑宗教的价值，但是往往忽视了科学的价值，因为科学被当作了抽象的学术研究。

杜威笃信科学的力量，他试图为人们建构一种真正的科学精神。与此同时，杜威赋予了科学人文主义的解读。杜威的这种基本思想，可以被称为“科学的人文主义”。

科学精神与人文主义通常被视为绝缘的两个方面，究竟是如何被结合到一起的呢？这就要从对“科学”一词的理解谈起。

杜威也承认，科学是一种系统化的知识体系，但是，对于这个体系的理解却有两种，一种是静态的理解，另一种是动态的理解。按照静态的理解，科学体系就是指内在地寓于整理好的事实当中的属性，但是这种理解显然缺乏动态性，因为它并不包括确定事实及其整理事实的方式。从动态的角度来看，科学应该意指观察、描述、比较、推理、测试等的理智活动，对于把事实整理成为连贯的形式而言，这些活动才是必要的。

所以说，在静态属性与动态过程之间，杜威毫不犹豫地选择了后者，这显然是非常符合实用主义基本原则的。因为从操作主义的角度观之，杜威对科学的理解当中，首要强调的就是方法，然后再参照方法来强调结果。或者更明确地说，杜威认为，对科学这个词的理解，并不能将重点放在研究结果所要求的具体形式上面，而应该将研究的内在逻辑置于首位。

由此出发，杜威将着力点放在对科学态度的阐发。如何从平常的思想态度转变为科学的思想态度呢？杜威认为，关键就在于采取一种批判的、探究的和测试的态度！

杜威进而认为，在我们做出每一个判断的时候，我们都要从两个方向来展示我们的科学态度或者叫作“态度的科学度”。杜威这样来言说这种态度：首先，通过考察做出与此判断相关的其他更多的肯定判断的可能性，来检查或测试此判断的有效性；其次，通过考察它在做出其他判断时的用途，由此来确定其意义或者重要性。于是，科学程序的两个标志正是：通过考察作为此一判断所依赖的其他判断的可能性来确定有效性，以及通过考察做出此一判断所允许的其他判断的必要性来确定意义。

这就是杜威所谓的科学态度，在这方面，的确显露出他作为一位工具主义者的本色。所以，杜威毫不怀疑地说，科学就是一种工具，就是一种方法，就是一套科学体系。然而，尽管杜威对科学的作用抱有乐观主义的态度，但是与那些完全倒向唯科学主义（scientism）的论者不同，杜威的科学观的独特之处，在于他强调了科学的人文价值。

杜威在承认科学一方面是作为知识和方法而存在的同时，认定科学还是科学探索者所要达到的一种目的。因而，科学在广泛的人文意义上才成为一种手段和工具。

在此，我们就看到了杜威的一种融合人文与科学的理论诉求：他一方面仍在强调科学作为完善对行动手段的控制的主要工具之重要功能，但另一方面又强调科学本身乃是工具、原料和人才三者相结合的一种技术，从而认定科学并不是自发形成的，科学并不受到习惯的限制，反而将人的思想从因袭的习惯中解放了出来，它实乃人化的产物。这是由于，科学体现了智力在规划和控制经验方面的功能，科学始终在有系统地追求目的。

从历史发展的角度来看，杜威是从一种进步主义的观点来看待科学进步的。他有两句简短的话可以证明这一点：一句是“科学是有意识的进步的唯一工具”；另一句则是“科学是行动中的进步力量”。显而易见，这种对于科学的理解，仍是只见其积极的方面，而未见科学的消极的方面，而且，还有一种从线性进步的观点来看待科学的嫌疑。

当然，科学在人类历史上所起到的重要推动作用毋庸置疑。杜威从自己的视角给出描述，他特别关注古代科学与近代科学的差异及其在历史上所扮演的不同角色，他认为，这种角色的转换就是从“感受的艺术”变成了“控制的艺术”。当然，我们已经指出，这里的艺术要做广义的理解。这似乎是一种新的历史观念，这种理解还是同杜威对确定性的寻求之阐释相关。

在从不确定性里面寻求确定性的过程中，古代人与近代人采取了不同的方式，走了两条方向不同的道路。古代的科学主要是一门“鉴赏的艺术”，这就是由所谓的旁观者的模式得出结果。当时的科学发展与人们对传统形而上学的探究是内在相关的，在近代科学出现之前，人们只能以思辨的方式来把握自然界。所以，科学的目的就是不断追求确定的、圆满的、有目的的和永恒的知识，于是，科学知识本身便具有了某种美感，而这种美感恰恰是确定性所赋予的。

近现代科学的发展，使人们利用科学的力量试图直接去征服自然，科学从传统的思辨转向了对“作为研究对象的材料的关系和条件”的研究，从而将自身打造成为参与改造的“控制的艺术”。如果说，古代科学试图保留确定性的话，那么，近代科学则是要打破这种确定性。

再重复前面的说法，杜威由此认定：希腊和中世纪的科学形成了一种按照人们所欣赏和所感受的那样去接受事物的艺术，相形之下，近代实验科学则是一种控制事物的艺术。这种对科学的近代基本理解，其实一直延续了整个 20 世纪。当然，杜威自己身处的年代，自然科学的变化，形成了他更新其哲学思想的背景。杜威的经验主义哲学所强调的关系性的存在，其实与爱因斯坦的“相对论”、海森堡的“测不准定理”对于传统科学公理的推翻也是有某种内在的关联的。

从对未来的展望来看，杜威仍希望科学起到它应有的作用，这里面就涉及两种关系：科学与艺术的关系，科学与文化的关系。杜威从“科学的人文主义”的基础出发，必然要求在科学与艺术之间互通有无，在科学与文化之间架设桥梁。

在科学与艺术的关系上，杜威坚决反对艺术与科学的截然分离，既然艺术再现了自然的重大事件和经验的极致，那么，也可以把科学探究当作是一门狭义的艺术。这是因为，科学既是控制的工具，又是作为纯粹的精神享受的最终手段。杜威对此有更为明确的表示，他觉得科学与艺术之诉求最终都是一致的，科学阐明意义，而艺术表达意义，可以说，它们殊途同归。

在科学与文化的关系上，杜威凸显了哲学在关联二者方面起到的重大作用。按照杜威的理解，传统哲学产生于调和文化与科学的社会需求，而未来的哲学经过了杜威的改造之后，成为社会革新的一种工具。新哲学就是要使用科学的方法来面对文化所包容的问题。

如此说来，杜威的“科学的人文主义”实际上仍是一种哲学的宏构。但是，按照杜威的基本思路，只有当这种哲学不再成为处理哲学家们的问题的工具，而是成为一种由哲学家们所酝酿的、处理人的问题的方法的时候，哲学自身才得到了根本的复原。在此意义上的新哲学，才能承担起建树“科学的人文主义”与“人文主义的科学观”的重任。这不仅是杜威的一种思想构想，也是他的一种实践取向。

第 5 章

从道德的进化到民主的建造

杜威整个思想的现实归宿，就在于改造社会，并最终能让人们生活在美好的社会当中，这也符合他的实用主义的基本原则。杜威的整个思想理路是这样的——通过改造经验来改造哲学，在哲学的基本世界观被改造之后，就可以水到渠成地进行社会改造了。

这种对社会的改造，直接关系到杜威的政治哲学与社会观念，间接关系到杜威的伦理学说和价值理论。本章即聚焦于此。

目前，杜威的政治哲学随着美国新自由主义的兴起而得以复苏，而且，对于反对自由主义的社群主义也产生了塑造性的影响，杜威的社会观念还曾引领了社会学的芝加哥学派。当然，这些都与他的基本的伦理学说和价值理论是息息相关的，这两方面在当年也是影响颇大，所以，本章就从杜威的伦理学谈起，最后，以杜威在当今得以复兴的政治哲学观结束。

伦理学说：“道德”的情境主义

究竟什么是伦理学？杜威的看法仍是非常传统的，他在与詹姆斯·塔夫茨（James Tufts）合写的《伦理学》（*Ethics*）的导言当中，认为就对正确与错误、善与恶的考量来说，伦理学仍是关于行为的科学。

这本《伦理学》初版于1908年，再版于1932年，在当时就获得了非常广泛的影响，也是实用主义伦理学的经典著述。在这本书中，伦理学被杜威定位为一种道德科学。

然而，杜威对传统伦理学还是持某种怀疑态度的，因为，传统的伦理学在道德情境当中只看到了善与恶的冲突，道德主体把善只看作是善，恶只当作为恶，并根据行为做出非此即彼的选择，而道德主体愈真诚，就愈关注于道德品质，从而最终在道德冲突当中寻求一种确定性。显然，正如杜威本人具有一种反确定性的思想倾向一样，杜威的伦理学与传统伦理学从一开始，便拉开了距离。

可以说，杜威对传统的西方伦理学及其历史，有着独特的理解和阐释。在杜威看来，在以往的伦理学思想里面，主要形成了两种基本的道德理论：一种是与目的相关的道德理论，另一种则是与规则相关的道德理论。

从整个伦理学的基本关联和差异来看，这两种理论恰恰是相互对立的。这是由于，前者显然是以目的原则作为主导的。然而，传统的伦理学却往往将各种目的都归结为唯一的目的，这个具有排他性的目的本身，就常常被视为最高的善和普遍的善。反过来看，后者显而易见地以规则作为立论的内核，这种伦理学是具有某种强制性的，因为它致力于去规定“什么是为合法的”与“哪些必须去加以履行的”。在这二者之间，杜威强调，并不存在统一的、设计好了的道德预设，也没有某种固定的原则，使得道德天平摆向目的的一面或者规则的另一面。

杜威从他的基本哲学观念出发，认定道德是同存在的事实紧密相关的。如此看来，杜威拒绝传统伦理学那种脱离具体实际的运思方式。按照这种理解，作为“道德的基础”的事实，来源于人们之间的密切关联，来源于人们在愿望、信仰、判断、满足和不满的生活当中相互关联的活动。

所以说，杜威对伦理学的基本立论是这样的：人类的行为与道德都是社会性的，而且，这种社会性并非理论上的应当，而是现实中的必须，因为人与人之间的互动乃是客观存在的。

杜威的伦理学，可以被看作是一种侧重于社会关怀的伦理学。从杜威的基本哲学观念来看，他非常关注人与外在环境之间的互动，强调个人就是生活在群体当中的。由此出发，在杜威看来，所谓的道德判断和道德责任，也都是社会环境为我们塑造的，所以他才说“一切道德都是社会性的”。

原因究竟何在？杜威认为，这里面的缘由，不仅仅在于每个人都应该考虑到我们自身的行为给他人所带来的后果，而且因为，这些行动本身就是事实。这意味着，他人也会考虑我们的行为，并对这种行为做出某种反应。进而，这种由此而生的反应又会影响到我们行为的意义。在杜威看来，就像人与物质环境交往是不可避免的那样，“赋予意义”本身也是不可避免的。

杜威在《人性与行为》当中，特别关注道德变迁与社会发展之间所产生的关联。按照杜威的这种历史观念，在社会主要处于稳定不变的状态的时候，不同的道德原则与主导目标之间便不会发生冲突。

杜威特别赋予这种冲突以一种阶层论的理解。这种可能发生冲突的双方是并存的：一面是权利、光荣、荣誉、气派和相互信任，另一面则是勤劳、服从、禁欲、谦卑和敬畏，这就形成了所谓的高贵的美德与低微的美德的两分与割裂。从另一种女性主义的视角来看，这并存的两面，一面是活力、勇气、力量和创造，另一面则是顺从、忍耐、魅力和个人忠诚，这也形成了所谓的“男性的美德”与“女性的美德”之分殊与对峙。

然而，这种既定的习俗格局与道德分立的局面，在社会变动时代却受到巨大的冲击，而且，杜威本人更是怀疑并反对这种激进的“二元论”。他认为，从这种基本的二元分裂出发，进而形成了西方伦理学的社会根基。这是由于，社会的裂变的双方，一边宣称秩序至上，亦即有利于自身的旧秩序才是高于一切的；但另一边则为自由权利而呐喊，从而将正义与自身受到压制的权利之间画等号。

显然，在杜威所身处的年代，他已经感到有产阶级与工薪阶级、男人与女人、老年与青年阶层之间形成了难平的沟壑。杜威对这种社会道德分层的阐释，着重于其产生的根源，因为，每个社会阶层都坚信自身目标的正义性，他们并不关注达成目标的手段。在杜威看来，这样运作的社会后果便是，并不存在共同的立场，并不存在道德的理解，也就没有相应的申诉标准。

面对这种道德困境，杜威试图提出一种崭新的道德之途。按照杜威的更为宽泛的理解，善实际上可以被区分为两类：一类就是所谓的“自然的善”（natural goods），具体包括健康、富有、名望、声誉、友爱、美的欣赏、学问等等；另一类则叫作“道德的善”（moral goods），具体包含公正、节制、仁慈等等。

依据传统伦理学看法，似乎只有严格意义上的道德的善，才是伦理学研究的对象。这是因为，它们都是经由道德判断所做出的选择，它们是用来规范人们的意志和行为的。但是，杜威却根据他所独有的翻新的经验主义哲学观，将善的范围由上至下拓展了。他认为，那种本身即能对人有益的“自然的善”，也应该归属于道德范围。这种区分就已经显露出杜威与传统伦理学的决裂。由于过去的伦理学传统往往将善作为目标，并最终寻求至善，所以才会导致由于根本立场不同而产生的观念冲突。回到经验，就会发现其实道德的目的是非常丰富的。

由此出发，杜威拒绝传统伦理学那种普遍主义取向，而走上了一条特殊主义的道路。这是由于，在杜威看来，作为伦理学研究对象的行为总是特殊的、具体的、个别的和单独的，所以说，对应该做的行为的判断也必然是特殊的。用杜威的话来说，个别化的情境各有其无法交换的善和原则。与此同时，杜威给出了这样的比喻，他明确反对将道德当作药方或者食谱那样随意使用，因为道德不是行为的目录，道德也不是规则的集录。

以属于“自然的善”的健康与属于“道德的善”的公正为例，它们在现实生活当中之所以是特殊的，就是由于，如何生活得健康与过得公正是因人而异的，人们的生命气质与生活境遇都是千差万别的。杜威主要强调的是，无论是健康还是公正，都不能脱离生活而独自得到，它们都是在生活当中得到的，不能离开生活而缘木求鱼。

这也就是说，所谓单独的善或者独立的善并不存在，当某个人追求健康或者公正，损害到他人的健康或者公正的时候，那就恰恰走向了善的反面了。这就是为什么杜威所代表的实用主义伦理学及在他影响之下形成的学派，常常被美国人称之为语境伦理学，或者说，这就是一种走向“语境主义”（contextualism）的伦理学。

那么，杜威究竟是如何从这个新的角度来定位道德的呢？杜威既反对将社会与个人、情感与理性加以分离的那种传统

"二元论"，又反对以往自由与行动、事实与价值的两分法，并拒绝将善加以绝对化和普遍化。从负面的角度来看，传统伦理学往往只将具体的语境当作获得某物之手段而已；然而，从正面的角度来看，杜威却似乎把手段变成了目的，将他的道德目标直接定位在具体的道德情境当中。

杜威的这种伦理观，可以被归纳为一句话——"情境即道德目标"。与此同时，杜威还将情境视为道德努力的手段。

按照这种被转变的伦理观念，每个具体的道德问题都会有具体的情境，任何道德问题都不会超出这个情境，这些情境是丰富多彩的并始终多于道德目标。这样一来，每个具体的道德情境都会展现出独特的道德任务，每个道德任务都具有自身的目标和方法。还是以属于"自然的善"的健康为例，按照杜威的实用化的观念，如果在某种情境当中，达到了健康的目标，那么，健康就不是达到别的目标的方法，而它本身就是杜威眼里至高的善抑或终极的价值。

按照这种回到经验的思路，杜威明确表示，只有生长本身才是道德的目标。换言之，杜威将经验的持续重构当作道德的目标，而不是将达到某种具有超越性的至善，作为道德所追求的目的。

这恰恰建立在杜威对于生活的理解基础上。在杜威看来，生长、改善和进步的历程，与那些静的收成和结果相比较而言，才是更为重要的。生活的目标，并不在于已被定为最后终点的完全或完成，而在于成长自身的永不休止的历程或过程。所以，杜威更深层的意思是说，从人的需要出发，要将成长当作道德价值的标准，这也是他始终关注人类教育的原因。杜威真正关注的是对于目前的情境的积极改造的过程，然而，成长本身并不是终点，而是永远面对未来的情境而开放着的。

在 1930 年发表的重要论文《道德中的三个独立要素》(*Three Independent Factors in Morals*)当中，杜威首先确定了人类道德生活当中的前两个独立的变项：一个是理性与正当，另一个则是目的与规律。杜威概括了对前两个变项的看法。他认为，前一类对象把它们自己作为对某种期望的满足而呈现出来，从而成为善的；后一类对象乃是作为对个人的行为提出的，而且以必须加以承认的要求而呈现出来。但是不能将其中的任何一类对象还原为另一类对象。

还有就是，在这两个变项之外，杜威又加上了第三个变项，也就是美德与邪恶。因为，个人对别人的行为会进行赞扬抑或谴责、认可抑或不认可、鼓励抑或责备、奖赏抑或惩罚。按照杜威的思路，被普遍认可的行为和意向便构成了“原初的美德”，相形之下，被普遍谴责的行为和意向便构成了“原初的邪恶”。杜威总结说，当把这三种要素当作独立变项的时候，它们在所有的道德情境当中都是交织在一起的，由此就可以得见道德生活本身之复杂性。

总之，杜威的基本伦理学观念是这样的：道德基本上就是人与环境的相互作用，道德生活离不开道德环境之规定。因此，杜威认定，道德并非是个人的而是社会的。换言之，杜威的道德所指的就是社会道德，而由此生长的所谓的道德原则就是分析特定道德情境的工具，所以说，杜威真正关心的还是道德理智所起到的功能，这就是从习俗性道德向反思性道德的转换。

价值理论：“评价”的实验主义

杜威的价值论也独具特色，就像他的伦理学思想一样。杜威对伦理学有着一贯的理解，然而，对于如何界定价值，他的思想却出现了某些变化。在《经验与自然》当中，杜威曾对价值本身持怀疑的态度，但后来又发展出了他的价值理论。

按照杜威原来的想法，“价值就是价值!”这并不是同语反复，而是意味着，价值就是其自身具有一定内在性的东西。然而，就价值本身作为价值来说，杜威认为这本身就没有什么可说的，因为价值就是它们自身。

进一步推论，在杜威看来，如果关于价值还有什么可说的话，那么，只能是关于价值的发生条件和所产生的后果的。而且，从反思的角度来看，杜威认为，价值乃至有价值之物，只有“存在抑或不存在”“被享受抑或不被享受”的问题，它们在其直接存在的状态之下是不能被加以反思的。价值在反省的过程当中，就是对它的批评、鉴别与评价，通过反省，对于“好的占有和享受”不知不觉地和不可避免地就变成了所谓的“评价”（valuation）。

对于评价，杜威是非常关注的，特别是到了他的晚年，他更加完善地打造出了一整套的“评价理论”。按照杜威的理解，作为动名词形式的“价值”（valuing）是直接的，而“评价”则是间接的，或者说，前者是直接可以享受的，而后者则必须经过反思的探究。

然而，在杜威那个时代，确实出现了关于价值的判断这样的说法。按照这个术语，价值一定在先，对价值的判断则居后。所以，按照传统的旁观者之认识模式，这种判断就是一种事后的判断，它只是对被给定的价值或效用的陈述或者记录而已。然而，与这种价值判断不同，杜威所提出的“评价判断”（valuation judgment）却关注一种实验性的过程，它主要是一种面对行动结果的事前预测性的判断。

更为准确地说，在杜威看来，评价判断就是应该对人们的想望、情感和享受的形成起到调节作用的判断，或者说，价值判断就是关于经验对象的条件与结果之判断。

这种独特的判断形式，从评价与价值的关系来看，可以被定位为一种通过引导行动而创造价值之判断。这种评价判断的对象并不是被给定好了的价值，它强调通过行动来确定价值的可能性，从而成为一种指导行动的判断。在这个意义上，杜威实际上还是在强调评价判断的实验主义的本色。这种判断就是在经验当中可以得到修正的判断，就是要得到经验验证的判断，它不是事后的陈述和回顾，而是事先的假设和预期，它是由多种目标和多种层面所组成的复合体。

因此，杜威在 1922 年的《评价与实验知识》一文当中明确认定，评价判断是复合的，它具体包括三个方面：

首先，它是关于事实和普遍物的一系列的判断。按照杜威的看法，评价判断的对象，就是具体情境当中的欲望和兴趣。

其次，杜威为我们描述了评价判断的行动方案。先是考虑到所列举的事实和规则，由此采取某种行动就是有用的，而关于采取这一行动的结论就是评价的近似目标。然而，行动只是作为手段而被判断为有用的，进一步的目标才是评价的真正目的，从而使得更完满的价值判断成为可能。从这个意义上来说，价值判断可以有效地对后来的目的有所控制，并进而影响新的评价。

最后，在执行了如上方案之后，就会得到关于价值的最后的决定性的判断，而这个判断就是对要创造的价值的判断。

就这样，杜威为我们深描出了评价判断的整个程序，这也构成了一种实验性的与复合性的过程。

杜威经过对界定价值的怀疑之后，最终确定价值还是可以被定义的。按照他的自然主义的理解，所谓的价值即事物在它们所完成的结果方面所具有的内在性质。

按照这种观点，杜威首先做出了这样的区分，这种区分是在如下事情之间给出的：在所享受的东西与可享受的东西之间、在所想望的东西与可想望的东西之间、在使人满意的东西与可以令人满意的东西之间。杜威认为，当我们说某种东西是为人们所享受、所想望、使人满意的时候，那只是在陈述事实而已，并不是在判断这些事实的价值所在。而当我们说这种东西是可享受、可想望、可以令人满意的时候，就是说它们符合了某种条件，事实上这就形成了某种判断。

在这种判断当中，杜威做出了时态的分析。杜威认为，在做出可享受、可想望、可以令人满意之类判断的时候，其实就是未完成时的。因为，被言说的东西是将起作用的。这意味着，在这类判断当中，都包含了预测，都设想了未来，这也就是说，这个对象将继续有用，他将还会起作用，从而能够主动地产生出某种结果。

价值也是对智慧行动的结果之某种享受。按照这种基本理解，杜威的基本想法就是，假若没有思想参与其中，享受就不是价值而只是有问题的“好”，也就是需要进行研究、需要做出判断的“好”；而只有当这种享受以一种改变了的形式，从智慧活动当中重新产生的时候，它们才能成为价值。这就是杜威对价值的最后界定。

从杜威的价值论的立场出发，他反对了一系列的二元对立。其中，最重要的两个对立面，一个就是目的与手段之价值分化，另一个则是价值与事实之判断分立。

从西方哲学的整个传统来看，目的与手段的分离，从古希腊时代至今已经根深蒂固。在杜威看来，这种割裂已经成为非常严重的问题，目的往往被视为是理想的，而手段则被看作是纯粹的。正是源于古希腊传统的理论与实践的分离，所以才在形式上表达为目的与手段的割裂，因为，理论本身常常被当作目的，而实践则仅仅是作为手段而存在的。

杜威的想法刚好是相反的。根据他的实验主义，手段与目的本是一体两面的，二者构成了一种不可分的整体性的状态。此外，杜威强调目的与手段的这种统一，其实是动态的合一。人们只有将生活之流看作是变动不居的，才可以看到目的与手段的动态关系。这是因为，通过某一手段所达到的目的，对于未来的目的而言就是手段；反过来说，作为某一目的的手段，对于以往实现的价值来说，很可能就是目的。

另一个则是价值与事实的问题。如何消除价值与事实的鸿沟，在休谟时代就已经凸显了出来。这也关系到理想与现实的矛盾，也就是理想的应当与现实的必须的关系问题。我们知道，应然与实然的鸿沟被称为“休谟定律”（Hume's Law）。

休谟在《人性论》（*A Treatise of Human Nature*）里的基本立论，就在于应然不可能源自实然。换言之，在事实与价值的鸿沟之间，并不存在逻辑上的桥梁。在休谟之后，一代又一代的哲人都试图跨越休谟所设定的沟壑，直到当代新实用主义哲学家希拉里·普特南（Hilary Putnam）对这种背离做出明确的解构。但希拉里·普特南的思想也是源自杜威，因为杜威认定价值其实也是一种事实，这也就是所谓的“价值事实”。

事实上，按照实用主义的原则，杜威明确反对在名称上讨论“价值事实”与其他事实关系，从而在根本上消解了价值判断与事实判断之分殊。因为杜威真正注重的是，从经验对象的条件和结果出发来判断事物的价值。

按照杜威的理解，“价值事实”的领域就是这样一个行为的领域，这就是说，从让事实可以“被观察和检验”的意义上来说，“价值事实”本身就是行为的，它呈现出来的是人与人、人与社会之间的交互作用。按照普特南关于杜威思想的阐释，他觉得在杜威那里，适合于探究普遍的东西，同样适用于对具体价值的探讨。杜威正是从他伦理学的探究出发，走向了对“价值事实”的关注，从而将价值与事实合为一体，这本身就是对价值与事实的两分法的悖反。从这一点上来说，杜威的确是解决“休谟定律”所带来的困境的实用主义先行者。

在杜威的价值论和伦理学当中，最终还有幸福观的问题值得关注，因为，幸福可以被视为对人而言的核心性的价值，幸福可以被视为杜威价值理论和伦理学说的某种归宿。

杜威主要从一种功利主义的角度来看待幸福问题。从道德的角度来看，杜威认为功利主义促进了一切改革，它使得“道德的善”成为自然的和仁慈的，并与人生的“自然的善”相互结合。杜威这样做，就是反对那种非地上的、非现世的道德，道德就处于现实当中，就像幸福也是植根于现实一样。在杜威看来，功利主义的最大功绩，就是将社会福利作为最高标准确立在人们的观念当中。然而，过去的功利主义太过于注重幸福的享有，从他的经验观念出发，其实更应关注幸福的创造。

所以，杜威从能动性的角度简单地来界定幸福。所谓幸福，只存在于成功，而所谓成功就是做事顺利、步步前进的意思。这似乎是对幸福的一种最实用化的解答了。但是，杜威的深意是在说，幸福实乃一个主动的过程，而并非被动的结果。所以说，重在过程的幸福，所直面的就是障碍的克服和缺陷的弥补。由此可见，杜威的幸福观充满了功利主义之色彩，但也带有乐观主义之意味。

然而，杜威拒绝对他的幸福观做出简单化的理解。他认为，幸福绝不仅仅意味着一种占有或者一种享受，真正的幸福是更高层次的追求。在杜威看来，在任何一种可贵的幸福当中，都必定有美的感觉和享受的主要构成要素。但无论怎样，杜威意义上的幸福必定是建立在对“自然的善”之满足基础上的，但同时他将“道德的善”自然化了。

当然，无论是杜威的价值观还是伦理学，都是从他的自然主义出发的，杜威反对的恰恰是那种超自然的价值理论和伦理学说。此外，杜威更是从经验主义来直接理解道德和价值判断的，这些都使得杜威的价值理论和伦理学说成为他的自然主义与经验主义相结合的思想的某种延伸和发展。

政治哲学:“自由论”的进步主义

在当代的欧美哲学中，政治哲学几乎成为第一小提琴手，甚至被有的学者确定为所谓的“第一哲学”（first philosophy）。特别是从约翰·罗尔斯（John Rawls）1971 年出版《正义论》（*Theory of Justice*）以来，他所提出的厚版本的自由主义产生的论争不断，使得政治哲学一时成为哲学当中的显学；而晚期的罗尔斯又在《政治自由主义》（*Political Liberalism*）当中提出了另一种薄版本的自由主义。

无论怎样说，这些主要来自美国的“新自由主义”（neo-liberalism）之各种方案，都与杜威本人的政治哲学有着千丝万缕的联系。这既关系到杜威对自由的阐释，也关系到杜威对于传统自由主义的理解。

按照杜威的本意，自由是对特定压迫的摆脱。这种基本的界定主要是从反面给出的，杜威还有正面的界定。杜威在此强调的是，自由主要是作为从他人的控制当中得以摆脱出来之自由。在另一方面，杜威却更主动地从能动的意义上来看待自由，他认为，自由实际上包含一系列具体的以特定方式来实现的能力。如此看来，前者比较接近“消极的自由”，后者则更为接近“积极的自由”，而且，后者这种能力在杜威那里也就指向了所谓的权利（right）。

既然谈到权利，就必然涉及平等的问题，这就又关系到杜威对于旧个人主义与新个人主义之不同阐发。

从旧个人主义的角度来看，自由与平等是难以相容的。这是由于，按照这种传统的解释，自由是作为纯个人问题而存在的。杜威认为，这种个人主义观念其实是美国文明的粗鄙之处，而且，它作为人文主义文化运动的产物，只把人性看作具有排他性之个体性。

按照杜威本人所倡导的新个人主义，传统的人文传统已经不合时宜，必须要在社会性当中来重新解释个人主义。或者说，在杜威看来，新的个人主义之所以不同于旧的个人主义，就在于前者规定个人具有社会性，而后者则试图脱离社会而独立地看待个人。

所以说，在1930年出版的《新旧个人主义》（*Individualism Old and New*）当中，在杜威看来，他眼中的健全的个人，一定是确定的社会关系和被认可的社会功能的产物。这是杜威的个人主义观念之必然结论。

根据这种新的思路，杜威认定，自由也是一个社会性的问题，它关系到权力的分配，而绝不是像旧个人主义所理解的那样完全是个性的问题。如果从自由与权力的关系来看，传统的观点没有看到的就是，一个人实际上所拥有的自由，就是取决于现存的制度安排赋予其他人的行动权力。杜威曾经用更简明的话从反面来论证，即“强迫别人接受自由”。这是一个古老的观念，它在本质上却是与自由相对立的。

当然，杜威并没有完全抹杀个人的价值，他仍然认为，个人才是社会生活的性质和发展趋势之最终决定要素。这意味着，作为社会进步的基本构成因素，个人的功能亦是非常重要的。所以，杜威从文化建构的角度，反复重申：个人的充分发展与相互差异，是作为社会成长的手段而存在的。由此可见，杜威对社会发展和个人进化，都抱有一种进步主义的乐观态度。他积极呼吁，作为“新的个体”之个人，要全面而充分地参与到社会进步当中。

杜威认为，个人的权利不仅不能受外力限制，反而要得到培育和生长，这样才能打造出一个自由发展和平等参与之自由的社会。当然，杜威在关注制度变革的同时，还是将落脚点回到了自由的心灵的方面，并认为，对于维护自由社会而言，只有自由的心灵才是最根本的自由，甚至可以说，真正的自由就是理性的自由。这些关于自由的阐释，可以说都为当代美国的新自由主义思想建立了基础。

杜威对传统的自由主义是颇有微词的。在 1935 年发表的《自由主义的前途》（*The Future of Liberalism*）当中，杜威首先指出了所谓早期自由主义的缺憾。

早期的自由主义将个人和自由推到了一个相当高的高度，进而也规定了当时自由主义哲学讨论的焦点。然而，在杜威看来，这种早期的自由主义本身就是 18 世纪至 19 世纪对寡头政治的反抗所产生的副产品，它在思想上具有一种无法自愈的绝对主义倾向。这种绝对主义的思想倾向，在杜威看来：

第一，它强调了个人是某种固定不变的、现成的东西，从而与对于个人和自由的过程性的理解相悖。

第二，这种自由主义是绝对的，因为它是非历史的，所以正确的选择就是，必须接受历史相对性的观念。

所以，从对自由的阐释来看，杜威倡导一种“有效的自由”（effective freedom）；从对传统自由主义的反驳来看，杜威则力主一种彻底的自由主义。

关于这种自由主义的彻底性与彻底性的自由主义，杜威认定，最重要的便是：其一，要从现有条件的演变中对这些条件进行实事求是的研究；其二，要以政策的形式提出一些基本观念，用以处理这些现存条件，以促进不断增强的个性和自由的发展。

所以说，自由主义的中心问题是制定政策和执行政策中的方法问题。这也说明，杜威对自由的理解的确是更为深入的，他并没有狭隘地将自由定位在政府与个人关系之间。当然，杜威承认，政府对于个人的自由而言也是一个重要因素，但它仅仅出现于与其他事物，也就是与经济的和文化的事物相关联的场合之下。

所以，在一种更具有高度的意义上，杜威最终将自由从传统的政治化和经济式的理解当中解脱了出来，从而将一种提升人性的文化自由问题突显出来。因此，杜威才能得出这样的结论：只有当人们有机会有效地分享文明的一切文化资源时，人们才能获得人类精神和个性之充分自由。任何经济事务都不是纯粹经济的，它对文化自由产生深刻影响。任何自由主义如果不高度重视充分的文化自由，不把文化自由与真正的工业自由的关系看作一种生活方式，那就是一种蜕化变质的和骗人的自由主义而已。

所以说，充分的文化自由才是最高层次的自由，但是它的实现，必须要与工业自由之类的其他自由形式结合起来。自由要回归到生活方式的基点来加以言说，正像杜威把民主本身都看作生活方式一样。

社会观念："共同体"的民主主义

杜威明确表示，民主是一种生活方式。在欧洲思想史上，这打破了传统关于民主的实体化之理解，因为，我们一般都将民主理解为一整套的政治制度、选举形式与规则方式，然而，杜威却破天荒地从人的生活出发，重新对民主定位。

这在杜威 1939 年所写的《创造性的民主——我们面临的任务》（*Creative Democracy*：*the Task Before Us*）的著名论文当中就可见一斑。在杜威看来，民主本身理应具有某种创造性，而这种创造性，最终来自每个人的生活方式。

杜威坦言：只有当我们在思想和行动中，理解到民主是个人生活的一种私人方式之时，我们才能摆脱那种表面的思维方式。民主意味着对某些态度的拥有和持续使用，这些态度在各种生活关系中形成个人的性格，并决定了个人的愿望和目的。我们必须学会把某些制度看作在人们习惯中占主导地位的某些个人态度的当代表现、投影和延伸，而不是把我们自己的倾向和习惯看作对这些制度的适应。

更简单地说，杜威是要求制度成为人的延伸，而非人仅仅被制度所规约。这就是说，要从人性当中的民主本性出发来建立制度，而非将民主仅仅看作人人需要遵循的外在制度。因而，当杜威将民主作为一种个人的生活方式的时候，他对民主的阐发，就是将一种新的实践意义置于旧的观念当中，真可谓"旧瓶装新酒"。

杜威为什么要以回到生活的方式来重新界定民主呢？这是由于，以往的思想家们对于民主的理解，基本上是一种硬件化的理解，而杜威才真正将这种理解彻底地软性化了。

从最基础的层面来看，最普通人的信任才是民主信条当中的一个常见条款。既然我们把民主当作一种生活方式来看，那么，民主就会受到对人性的可能性所持有的一种有效观念的控制。这是杜威给予民主的第一个必要条件。

杜威首先以“平等”这个重要的社会和政治观念作为例证来加以说明。他认为，关于人与人之间相互平等这样的一种民主信念，如果从生活方式出发来看，那就是相信，每一个人无论其个人才能的大小如何，在发挥自己所拥有的才能方面，都拥有与他人同样机会的权利。同理可证，关于领导原则的民主信条，也有一种普遍的信念：它相信每一个人，在某种条件下，都有能力使他自己的生活不受其他人的制约。杜威甚至认为，这个信条也具有世界性。

由此，杜威将民主当作个人的一种生活方式，便意味着，这种方式不仅受到关于人性的信念的控制，而且，也受到人类能够在具备适当条件下理智地进行判断和行动这样一种信念的控制。此乃杜威意义上的民主得以成立的第二个条件。

然而，杜威并不仅仅满足于这两个条件，他还另外强调了在民主过程当中协作的重要功用。杜威认为，在具备上述两个条件的情况下，民主作为一种生活方式还受到个人对在日常生活中能与别人协力合作这种信念的控制。民主就是这样一种信念，即使各种需要、目的或者结果对每个人来说都各不相同，但是，友好地协力合作这样一种习惯本身，乃是对生活的一种宝贵的补充。

质言之，杜威心目当中所谓的民主，首先，并不是一种政府的形式；其次，它是一种联合生活的方式；最后，它是一种共同交流经验的方式。

如果我们把民主与自由联合起来加以考量，那么在杜威那里，民主的自由理念并不是每个人为所欲为之权力，即使这种权力是以不干扰他人的自由作为条件的。民主的自由最终所指的仍是心灵的自由，它是这样的行为和经验，它是能够带来理性自由的任何程度之自由。

这里面，杜威的民主观念就涉及两个问题：一个就是联合生活的问题，进一步也就关系到共同体的建构问题；另一个则是共同交流经验的问题，进一步关联回到经验的问题。

关于经验与民主的关系，杜威将民主与其他生活方式相比。相比较而言，民主是唯一的一种生活方式，它全心全意地把经验过程看作目的和手段，看作那种能够产生科学的事物。在这里，杜威对科学主义的笃信就呈现了出来。他认为，科学是唯一用以指导未来经验的可靠权威，它把情感、需要和欲望释放出来，以便使之前虚拟的事物获得存在。

每一种在其民主方面未取得成功的生活方式，都对人们的接触、交流和相互作用有所限制，而人们的经验正是通过这些接触、交流和相互作用稳定下来的，并且因此得以扩大和丰富。

杜威将民主的这种释放和丰富的任务，看作每天都要完成的任务，也就是一种日常生活的工作。这样，杜威就将民主的形成同人性本身的完美和社会的完善结合了起来，而且，杜威还以一种历史性的眼光来观照民主的进展和经验的完满。

既然如此，在经验本身没有达到终点之前，民主也就不会达到终点，所以说，民主的任务就永远是要创造一种更加自由、更加合乎人性之经验，而且，所有的人都在分享这种经验，都对这种经验在做出自己的贡献。由此可见，杜威对人类的未来还是充满着希望的，在他看来，未来的生活一定会愈来愈民主化，这种民主化的社会使得作为民主的生活方式日臻完美，这种生活在杜威看来既是理智的又充满了美感。

对于共同体与民主及其关联问题，可以如此加以总结，杜威将民主看作真正共同体的一种生活方式。

特别是在1927年出版的《公众及其问题》一书当中，杜威表现出对于民主的进步思想的乐观看法：人们有充分理由相信，不管在现有民主机制中会发生什么样的变化，它们都将使公众利益进一步成为政府活动的准则和指南，并能使公众更有力地形成和显示它的目的。在这个意义上说，克服民主的弊端的有效方法乃是更多的民主。可见，民主是在共同体的发展基础上的，共同体的发展需要民主的力量。当然，杜威这样的一种假设更多带有乌托邦色彩，但是他对民主的信任却显露无遗。

杜威首先关注以下几个关键词的关联：共同（common）、共同体（community）和沟通（communication）。在这几个在英文表述近似的词之间，杜威认为，它们不仅字面上有联系。

人们因为有共同的东西而生活在一个共同体之内；而沟通乃是他们达到占有共同的东西的方法而已。为了形成一个共同体或社会，他们必须共同具备的是目的、信仰、期望、知识——共同的了解和社会学家所谓的志趣相投。这就又关乎杜威的社会观念的基本问题，那就是个人与社会之间的基本关联。

如前所述，按照杜威的新个人主义的观念，只有在社会群体当中，个人才有机会发展自己的个性。人既然要与外部环境发生互动关系，那么，他或者她就无法脱离社会而独立存在，他们都是在与他或者她的各种复杂交往当中发展自身的。在这种意义上来说，杜威一反旧个人主义对于个人与社会的割裂，认定个人与社会在本质上不存在任何冲突，或者说，社会与个人之间没有根本性的冲突。这恰恰是人的本性使然，因为人类在结构上就具有共同性。这意味着，人只能以共同体的方式存在，这才是人作为此类动物的本性！

当然，杜威关于个人与社会关系的反思，关于公众与私人的关联的反思，一方面可以说与东方的集体主义思想是内在相通的，另一方面，对于当代欧美政治哲学领域的新自由主义与社群主义（communitarianism）之争也具有某种纠偏的作用。

从表面上看，杜威的政治哲学思想既滋养了新自由主义，又内在推动了社群主义的产生。但是，按照杜威的思路来看，尽管他高扬自由，但如果他生活在当代，他决不会赞同新自由主义者们将原子主义作为理论起点。因为，无论是新自由主义者还是社群主义者的理论，都是建立在一种“二元论”的基础上的，也就是个人与社会、个体与共同体的分立之基础上的，而这些恰恰都是杜威所坚决反对的。

在本章里面，我们对杜威的社会改造计划的深入探讨，是以他的独特的民主观念结束的。在杜威那里，民主既不是政府的形式，也不是政治的手法。从现实的意义上看，民主更像一个具有社会进步性质的过程，更像是一些用来持续重构社会生活的工具和方法。

从理想的意义上说，民主更像是一种坚定的信念，它相信人类经验能够产生出目标和方法，而未来经验也可以借助这些得到丰富和完满的发展。无论怎么说，杜威都抛弃了只将民主看作某种制度性的或者外在的东西的习惯。这位伟大的哲学家真正希望的是，每个人都养成把民主看作个人的一种生活方式的习惯，从而将民主塑造成人类的道德理想。

所以说，在杜威看来，民主既是一种道德理想，也是一种道德事实。在民主的规划尚未完成的意义上，它是作为理想而存在的，在它变成事实的情况下，它就是一个道德意义上的事实。由此可以推出，只有当民主真正是一种生活方式时，民主才是一种真正的实在。

在民主与道德问题最终得以合一的地方，我们结束了本章。这一章也结束了对杜威属于西方脉络的整个思想的深入讨论与梳理，但是，杜威的思想并不仅仅囿于美国甚至西方，同时也关乎中国，这就是下一章杜威在中国所展现的新地平线。

第 6 章

杜威与中国

杜威思想与中国思想之间的互动，正是一个最有趣的中西文化与思想交流的现象。如果说，杜威对中国的影响是从美国到中国的话，那么，中国思想与杜威的互动就是从中国到美国。

杜威思想与中国思想之间，形成了一种积极互动的关联，同时也展现出了丰富性的特质。这从近代以来在中国对“pragmaticism”的翻译那里就可以窥豹一斑，除了实用主义的翻译之外，还有“实验主义”“实践主义”“实际主义”的各种译法。

在这里面，还有两种顺序的问题。如果我们从西方思想舶来而发生作用的顺序来看，最初与杜威思想产生互动的是以胡适为代表的中国自由主义，然后则是背靠马克思主义传统的中国实践哲学，最后才是根于本土之中国儒道智慧。

然而，如果按照中国思想自身产生的历史顺序来说，那么，杜威思想首先是与儒道智慧，其次是与自由主义，最后才是同实践哲学发生关联。除此之外，杜威思想还与当代中国新兴的生活论思想发生了奇妙的关联。

杜威与古代中国：儒道论思想

在中国大陆，经历了20世纪80年代的激进的西化思潮之后，从90年代开始中国的保守主义思潮得以兴起。在21世纪之初，“国学热”掀起新热潮的形势下，杜威思想与中国传统儒家智慧的对话，成为人们关注的焦点与热点。其实，无论是自由主义还是马克思主义对于中国来说都是舶来品，只有中国本土的儒家智慧与杜威思想的对话，才算是真正意义上的“中西对话”，杜威与自由主义抑或与马克思主义对话应属于“西西对话”，起码从来源上讲就是如此。

实际上，这种中西对话早在20世纪前期就已经开始了。人们往往忽略的是，新儒家创始者、现代哲学家梁漱溟早已经从杜威那里获得部分的思想养分。梁漱溟将民主视为一种精神，他认为，民主的精神包括承认旁人、平等、讲理、取决多数和尊重个人自由五个方面。他进而认定，乡村教育与社会教育应本为一体。从中就可以得见，杜威的民主作为生活形式之影响，杜威关注共同体的社会角色之影响，杜威对于教育的民主主义功能界定之影响。

那么，究竟什么是平民主义的教育呢？杜威对这个问题做出这样的回答：所谓的平民主义的教育，就是教育事业须为全体人民着想，为组织社会“各个的分子”着想，使得平民受到利便全民的教育，而非少数贵族阶级或者有特殊势力的人们的教育。

按照杜威的观点，这种平民教育的宗旨，虽然是来自美国的教育实践，但是在中国也可能落地生根。关键就在于，需要满足两个基本的条件，这意味着，平民主义的教育一方面需要的是发展个性的知能，另一方面亟须的则是养成共业的习惯。

发展个性的知能是就个人而言的，它反对的是惰性与强制，注重个人自由的思想力，这也是美国文化的长处所在；养成共业的习惯则是就集体而言的，它反对的是个性的片面发展，而讲求社会集体的合作，这便是中国社会的长处所在。平民主义教育的精髓，实际上并不仅仅是教育问题，而且还涉及深层的民主，特别是关系到当代正在探讨的儒家民主。究竟该如何将儒家思想与现代民主结合起来，这也是目前中国思想界常谈的话题。

所以说，杜威的民主主义思想，不仅给中国近代以来的教育改革风潮以巨大的推动力，而且，为中国的社会改造运动提供了非常重要的理论支撑。杜威为这种支撑所提供的并不是根美国式的柱子，而是能与中国思想接轨的的柱子。在梁漱溟之后，现代中国著名哲学家贺麟也有以儒家嫁接民主思想的近似主张。无论是新儒家的重要代表人物牟宗三所提出的以儒家思想开出民主与科学的“良知坎陷说”，还是其他新儒家思想后继者的类似主张，在寻求儒家民主上其实都是相通的。

在当代中西对话的语境当中，将杜威与中国儒家思想沟通得最多的，当属当代美国汉学家安乐哲（Roger T. Ames），他确定了实用主义与儒家对话的理由，探索了如何对话的几条思想脉络，最终做出一种独特的“文化比照”（cultural comparision）。

按照安乐哲与同人郝大维（David L. Hall）共同形成的观点，儒家民主主义的中心就是关于人类社群的民主思想，而不是政治或政府本身，这就同杜威思想保持一致，也就是不能将民主理想与政治制度混为一谈。安乐哲特别关注到了儒家思想与（以杜威为主导的）实用主义之间的共通性：除了对于民主的基本理解之外，它们都反对种族中心主义而重视文化叙述，强调人类社会的沟通交流，将自我修养置于个人道德品格教育的中心地位，还强调更好地履行对社会领袖的劝谏义务，并强调传统的重要传承价值。

然而，往往被中国人与美国人忽视的是，杜威早在 1919 年 11 月发表的文章《中国的心灵转换》当中就已显示出，杜威早已对中国的民主进步有了非常深入的探讨。

杜威在这篇《中国的心灵转换》中认为，“民主精神”在中国的历史中多有表现，具体现象就包括无阶级差别，社会平等，以道德而不是以武力即以教导、舆论而不是以法律手段管束个人和群体等等。杜威这个美国人早已经看到，中国人不能套用西方民主政治学说来改造中国社会，而应顺应和改造中国既有的民主经验。因为按照杜威的建议，解决中国真正的民主问题，并不是从外来世界拿来一套政治制度，而应该让曾在中国历史上显现出来的民主精神在现时代得以建制化的实现。

恰恰由于杜威亲自到过中国，因而，他对中国传统思想也是有直接的描述与探讨的。众所周知，只要稍微了解中国思想的外国人，都会对儒家与道家两派的思想感兴趣，无论是记述孔子言行的《论语》还是记载老子所思的《道德经》，在西方世界都有太多的译本。不同的翻译，就代表着不同的理解与阐释，那么，杜威究竟是如何理解中国传统儒道思想的呢？

在美国 1922 年 1 月的《亚细亚》（*Asia*）杂志上，杜威曾以轻松的笔调，为美国人描述这样的“中国的生活哲学”（the Chinese philosophy of life）。

杜威首先指明，与中国人对政治与社会态度紧密联系在一起的有两大社会哲学，那便是老子的哲学与孔子的哲学，或许还应该加上第三个哲学，即佛陀的哲学。如果就土生土长而言，只有老子与孔子的哲学是属于中国的，但是，谁也无法否定，印度佛教的传入对中国思想和文化的巨大冲击。然而，杜威更明确地指出，佛教的这种影响最后还是被道教与儒教同化了。

由此可见，杜威从生活哲学的角度来看待中国传统思想。这极富洞见。而杜威发表的这篇独立文章的时期，中国哲学被西方形而上学的观点梳理得大异其趣，这关系到中国哲学研究本身之合法性问题。或许正如杜威所言，中国儒道思想都只是为了给人们指出生活的方向而已。然而，杜威的相关的误解却在于，他仍将儒道思想都视为中国化的宗教形态。

在杜威看来，儒家与道家的思想，或者儒教与道教的思想，它们在一般观点上都是相对而言的。在另一种意义上，杜威也较早地看到，儒道的宗教与思想恰恰是可以相互补充的。但杜威也看到了儒教与道教得以传播的方式之差异。他指出，对于道教的传授，从来没有像对儒教的传授那样被经典化与官方化。由此可见，杜威对于中国传统思想——儒、道、释的思想结构及其相互之间的关联皆是了然于心的。

与此同时，杜威从他的实用主义哲学观点出发，也看到了中国传统思想的总体特点——实际性。这不禁令人想起当代中国思想家李泽厚归纳出来的中国传统思想实乃实用理性的说法。其实，李泽厚早年曾经用过“实践中的理性”的说法。而在杜威看来，“实际性”恰恰促成了实用主义与中国传统思想的交集，或者可以这样看，中国传统儒家思想就是儒家实用主义，中国传统道家思想就是道家实用主义，中国传统释家思想就是释家实用主义，但无疑，最具有实用色彩的还是儒家思想。

有趣的是，杜威从东西方文化比照的视角出发，认为“实际性”这一点，恰恰是中国人的生活哲学所表现出来的对人类文化极具价值的贡献，而这种思想恰恰是西方人所迫切需要的东西，因为西方人在杜威的眼中，往往是猴急、浮躁、过度忙碌且非常焦虑的。就此而言，杜威的说法似乎早已应合了现代中国新儒家诸流派的基本理论预设，那就是，东方思想可以救赎西方思想的偏颇之处。

杜威是从最实在的“实际性”出发，而非从任何一种西方式的形而上学出发，来阐释中国儒道思想的。先来看杜威对道家思想的理解。杜威明言，老子学说就出自中国人生活的深处，反过来又影响着中国人的生活。

杜威首先就一下子抓住了道家思想的核心范畴，即无为。这个无为的观念，按照杜威的理解，只能被感受到，而几乎不能被说明或者解释清楚的。当许多现今的学者仍将无为直接翻译成 doing-nothing（“不为”抑或“不做”）的时候，他们恰恰忽略了无为要走向“无不为”，绝不是“不作为”，绝非“无事去做”或者“不去做事”。

所以，杜威指出对无为的误解，即将它当作某种单纯“惰性”或者“不行动”（inactivity），而实际上它是一种道德行为规范，因此，当自然行其所是之时，无为的信条便是“主动的”或者“有行动”的（active）的沉静、忍耐与迟存。

最终，杜威用了 conquering by yieldings 这个西方人最容易理解的英文词组，来作为无为的座右铭。所谓 conquering by yieldings，就是通过让步而取胜的意思，因而，作为伟大思想家的杜威一眼就看到，无为的意思不是不为，而是先退而后进，它所强调的乃是一种自然的运行之行为。

杜威从这种道家的无为观来看待中国人的生活。老子的学说之所以有如此的影响力，恰恰在于道家所表达的与中国人的生活习惯趣味相投。在对待生活的态度上，中国人的任其自然的表现，就表征为心满意足、谦让、平和、幽默以及一副好脾气。而恰恰是中国作为耕作的农业国造就了道家思想滋生的土壤，因此，杜威也看到中国人受到了宿命论的支配。这是由于，中国人在土地上始终持续不断地耕作、耕作、再耕作……这就像古希腊的西西弗神话，本来是指西西弗所遭受的惩罚（他不断将巨石推上山顶，然后巨石滚下，又再次推上去，如此循环往复），现代存在主义思想者加缪那里看到的则是荒谬的人生态度，而中国人面对于此却通常采取道家式的忍耐与妥协。

这种思想趋向，被杜威用来解释中国人的保守主义，进而看到了中国人与西方人心理上的差异。在杜威看来，中国人对于自然放任有着一种敬畏，对于匆忙而虚饰的人工制品充满了憎恶。

这就又将话题转向了人与自然关系的更深层面。与西方人进犯、开发并最初耗尽了土壤相反，中国人却始终守护着这片大地。中国人在自然的缓慢进程当中学会了等待，他们不会去奔忙，因为他们崇尚自然而然。从消极的方面来看，中国人就是如此保守，因为数千年来他们一直守护着自然的资源，珍爱与呵护着这种平静从而变得顽固；而从积极的方面来看，正如中国人的肉体渴望着农业耕作一样，它们的心灵也与自然的进程紧密相连，这也就是如今仍被重新彰显出来的天人和谐之本意。

再来看杜威对待儒家思想的看法。杜威首先指出，儒家与道家是在相对的意义上出场的，比如，道教在百姓中间得以流传，而儒家的信条很自然地影响到了上层阶级。但这种分析却是相对而言的，因为儒家作为未断裂的传统恰恰是更深层地植根于中国民众之生活当中的。但杜威的观感无疑是准确的，儒家的在许多方面的影响都远远胜过道家。

与道家的无为相对，儒家似乎更强调有为，也就是杜威所说的，儒教极力推动艺术、文化、人性、学习与道德努力的重要性，这几点无疑都抓住了重点。中国人非常突出的一种生活特征，就是对于教师无上的尊崇，确定教师对生活及其学生的重要影响。在杜威看来，这就可以解释中国人为什么依赖于温和的理性，而不去依靠暴力解决问题。但是，杜威没有想到，中国政治斗争同样也是严酷的，儒家思想在现实政治面前往往是软弱无力的。教师的影响被杜威看作最强的社会力量，只有中国这个民族，将道德先师的高崇地位置于超自然的神启者、牧师、将军和政客之上，当然这里的先师所说的都是儒家的圣贤。

在此，杜威已经触及儒家思想——从感性儒化到理性规范的转化——的深度思想。他指出，儒教反复强调对古典文学（大概主要就以《诗经》为主的儒家经学文献而言）的尊崇，视其为智慧的源泉，并为保守主义提供了理智的根据，由此同时，儒家将道德与理智的力量视为超越于肉体的力量而加以颂扬，告诉中国人去仁忍，而不用去理会军事与政治的力量。这般心学化之取向，杜威认为还是值得警惕的，因为这样做只会导致所谓“理性的无”。

可见，杜威最终更多地是从政治哲学的角度来看待儒道思想的功用。杜威认定，尽管儒家在上层占有特殊地位，但是其核心效果却仍与老子之影响结合在一起，从而蔑视政治，反感（西方人平日所理解的那种）政府。这是因为，在道家看来，政府是不自然的，所谓“无为而治”才是道家的根本性的理解，“治大国若烹小鲜”的说法中国人更是耳熟能详。但是，与道家认定政治运作是对自然有序运作的一种人为阻遏不同，儒教则希望皇帝在崇天当中成为人民的代理人。杜威甚至直接关注到了孟子的思想，并认为孟子代表了儒教更加民主的一面，因为依据孟子的观点，处于危机时刻的人们，拥有的不仅仅是权利，还有废黜统治机构的义务，甚至在正义与仁慈的秩序尚未修复之前，人民就可以成为“天”之代表。

除了关注中国人的生活哲学与政治哲学之外，杜威还对东西方的伦理思想进行了初步的成功比较。杜威在中国本土所做的伦理演讲当中，具体来说，也就是他讲述伦理思想最后一次的时候，将东西思想进行了深入比较，并事先采取平等的态度声明：东西道德，实无长短之可言！

东西方的伦理思想的主要差异，在杜威看来，主要体现在如下三个方面：

首先，东方理想更切实、更健全，西方思想更抽象、更理智。

其次，东方伦理依据家庭，西方伦理依据个性。

再次，东方伦理藐视个人权利，西方伦理注重个人权利。

这些基本的差异，对我们今天的人们来说似乎都是无须证明的，但是，在杜威来华的那个时代，还真是需要这种具有深入眼光的哲人，才可以将中西的差异如此显现出来。况且，杜威对于这三种思想差异给予了非常充分的解说，的确难能可贵。

为何说东方理想更加切实与健全呢？杜威说，这是因为，东方的理想，主要指伦理理想，譬如五伦，君臣、父子、夫妇、兄弟、朋友的关系，它们都确定地是天然的人生关系。所谓人人都是夫妇、兄弟、臣民或君长、友朋……是也，儒家伦理的天然基础正在于此。而相形之下，西方的理想则不同。西方人所追寻的主要观念在杜威看来就是“正义”（justice）与“仁慈”（benevolence），它们皆为抽象的观念，换而言之，它们都是从理智当中被推究出来的，而并不能指实那些伦常事物。杜威进而洞见了这两种伦理理想的优劣：东方的切实的道德观念，由于本有确定标准，所以教得容易而学得亦容易，但是却极易成为成规而难以改变；而西方理智的抽象的道德观念却能与时俱进，观念随环境转变而改变，所以西方道德才诉诸平等与普遍性。

为何说东方伦理是依据家庭呢？这一点从东西比较当中最能得见。因为，西方人既不承认人伦有东方那种确定关系（特别是君臣关系），而只是承认个人；又没有中国那种尊卑的分别，正义与仁慈即使对父子而言也皆要遵守。杜威非常深刻地看到，中国五伦中的三伦（父子、夫妇、兄弟）都直接隶属于家庭关系，而另外的两伦，也是家庭关系的推演，君臣关系就是父子关系的变相，而朋友关系则是兄弟关系的变相。所以说，正如梁漱溟从“伦理本位”分析中国文化那样，杜威由此推导而出的家庭本位的结论就是：东方的道德观念，简直可说全然依据家庭，所以经书才常说“夫孝，德之本也”。但梁漱溟却认为，中国和西方都不是家庭本位的社会，因为家庭本位的社会只属于东西方的上古时代，亦即中国的宗周以前与西方的古希腊罗马以前的社会。这是中西哲人理解的不同。

为何说东方伦理藐视个人权利呢？杜威的自由主义观念在此最能凸显出来。他认定，民治主义的基础乃是政治上对个人的尊重，因此，行动自由、言论自由、择业自由与民族自决等等都是从这里推出的。然而，五伦则是不平等的，它严尊卑、定上下，从而藐视个人权利。在杜威看来，无论是君上臣下、父尊子卑，还是夫唱妇随、兄高弟低，这四伦都是不可能平等的，唯一的一伦朋友才是平等的。西方社会的“一切平等”（当然这种名义上的平等也只是就理想与假象而言，不平等较之平等才是更普遍的存在），其非常重要的理论预设就在于：

你尊重我的权利，我也尊重你的权利。所以，杜威就此给出了一个等式“justice = rights”，也就是说，“正义等于权利”，而这种观念恰恰为东方所缺失。

总之，杜威与中国传统之间所形成的思想张力是非常值得关注的：一方面，从杜威工具主义来看，东西方思想之间是充满了异质性的；但另一方面，从杜威实用主义出发，更能看到它与中国传统思想的亲和力。

杜威与近代中国：启蒙论思想

杜威对近代中国产生了非常重要而独特的影响，这是众所周知的事实。杜威来到中国亲历了新文化运动，并改变了对中国积重难返的既有印象，在 1920 年还撰写了《中国的新文化》一文。杜威认定，新文化运动为中国未来的希望打下了最为坚实的基础，但更重要的是，让中国人改变了他们传统的思维方式，这似乎就与中国文化救国的本土理念暗合。

作为西方 20 世纪伟大思想家，杜威的思想对近代中国启蒙思想的形成起到了重要的作用，最主要的功用集中在教育启蒙与科学启蒙这两个方面，而前者的实际影响较之后者要大得多。

这是由于，启蒙要靠教育。这意味着，对新文化运动之后的国人来说，要通过教育实现启蒙。按照当时杜威的观感，人们还没有在其他地方如此经常地听到像今天中国青年代表的口中那样说的，即教育是改造中国的唯一方法。但是，进一步的问题就是，教育什么？以什么去教育？给国人什么样的教育？其实，在相关的教育内容当中就必定包含现代的启蒙思想。

所以说，启蒙与教育是不可分的。杜威对中国产生最巨大影响的就是教育。可以说目前为止，杜威是对中国产生了最深远影响的外国教育学家。相对而言，杜威的教育学说在中国也被介绍得最多和最完整，而且，被接受得也相对准确，反倒是他的哲学思想遭到了很多的误解。

正是教育救国的目标，使得杜威的思想在中国从新文化运动前后就得以迅速传播与普及开来，从而积极地参与近代中国的“新教育运动”，而这种教育运动也是近代中国社会运动之有机组成部分，这是大家都公认的历史事实。

只要列举一下介绍过杜威思想的中国学者的名单，就可以知道杜威的影响究竟有多么深广：胡适、蔡元培、黄炎培、蒋梦麟、张伯苓、陶行知、郭秉文、刘伯明、廖世承、陈鹤琴、郑宗海、孟宪承、俞子夷、朱经农、姜琦、郑晓沧、常道直、崔载阳、吴俊升……他们当中只有很少一部分是杜威在美国真正的学生，但是大多数都成为杜威思想的信奉者，或者说都成为杜威的广义的学生。梁启超由此认为，自杜威到中国讲演之后，“唯用主义或实验主义”在教育界成为一种时髦学说，并认为这不能不说是很好的现象。

正是这些中国学者，在中国的教育类刊物如《教育部公报》《新教育》《中华教育界》《教育杂志》《教育潮》上重点推介了杜威思想，又在当时在中国报界具有重要影响的北京《晨报》、上海《时事新报》、上海《民国时报》副刊上介绍了杜威的著作，从而极大地推动了杜威教育思想的本土化的接受与接受的本土化。

由于北京大学的两任校长蔡元培、蒋梦麟及南开大学校长张伯苓这样的教育界知名人士的推介，杜威在中国教育界的名声更是日趋鼎盛。北京大学、清华大学与南开大学三校合为西南联合大学之后，临大筹委会的三大常务委员蒋梦麟、张伯苓和梅贻琦中的两位都在美国哥伦比亚大学直接师从杜威。甚至可以说，在“北大精神”与“南开精神”当中，都融进了杜威的自由教育精神，杜威对中国大学精神的建设也是功不可没的。

随着国人对杜威教育思想的逐步接受，杜威的教育学专著在中国得以整体地译介出来，主要有：由朱经农和潘梓年合译的《明日之学校》、由邹恩润翻译的《民主主义与教育》、由许崇清翻译的《哲学之改造》、由刘伯明翻译的《思维术》、由张岱年和傅继良合译的《教育科学之源泉》、由刘衡如翻译的《学校与社会》、由李培囿翻译的《经验与教育》、由董时光译述的《今日的教育》。这种翻译的热潮一直持续到了20世纪中叶，在杜威即将告别人世之前，中国学者都在积极翻译杜威的著述。

与此同时，杜威直接来华，也推动了他教育思想的传播。在两年多的时间里，杜威的足迹遍布中国的大江南北。我们以1920年5月到6月当中杜威的行程为例，可由此看到杜威是如何积极地传播他的思想的：5月7到8日杜威在南京，5月16日离开南京，5月17日到镇江，5月18日到扬州，5月21日返回镇江，5月25日到常州，5月27日到上海，6月4日到南通，6月8日到上海，6月9日到杭州，6月14日到上海，6月16日到苏州，6月20日到无锡，6月27日到苏州，6月30日返回南京。在当时交通并不发达的条件下，从如此紧密的行程当中足见国人对于杜威的高度兴趣。

还有就是相关学校的建立，这也与杜威的实验学校的影响相关，他的《民主与教育》在很长时间内成了中国各大学教育院系的通用教材。正是在杜威与杜威夫人创办学校的感召下，杜威的学生先后在北京、南京、上海与苏州等地开办了一些实验学校，其中，南京高等师范学校的实验学校就直接被命名为杜威学校。最为著名的例子，就是中国著名教育学家陶行知所创办的晓庄学校，更被视为杜威的实验学校的中国最佳翻版。在这种兴办实验学校的浪潮下，中国各地的师范学校的附属学校也都纷纷改称实验学校，并进行各种的教育实验，这些都是从杜威的教育实践那里直接学习到的结果。此外，诸如新教育共进社、平民教育社之类的教育社团组织，也成为力图按杜威教育思想和方法革新中国教育的主要社会力量。

甚至当时中国的学制都受到杜威教育理念的改变。众所周知，中国新式学制始于清光绪二十八年（1902）公布的“癸卯学制”，1912 年 9 月 3 日，中华民国教育部公布新订学制，规定初等教育七年（初小四年为义务教育、高小三年），中学四年，大学预科三年，本科三至四年，共十八年，大学院年限不定，被称为“壬子学制”。然而，到了 1915 年，中国社会开始强烈要求改革“壬子学制”，由于杜威的访华带来了美国的“六·三·三制”成为主导观念。1922 年 11 月 1 日，教育部再次公布新学制，规定小学六年（其中初小四年为义务教育），初中三年，高中三年（实行普通、师范、职业分科制），大专四年，大学四至六年，大学院不定，大学只设一科者称某科大学，设数科者称大学。这个“壬戌学制”一直被中国教育体制继承了下来。

从近代中国被革新的教育观念来看，“壬子学制”被翻新之后，传统的教育宗旨被废黜而代之以教育七项标准：

一、适应社会进化之需要；

二、发挥平民教育精神；

三、谋个性之发展；

四、注意国民经济力；

五、注意生活教育；

六、使教育易于普及教育；

七、多留各地方伸缩余地。

在这种崭新的教育基本宗旨里面，更可以看到杜威教育理念的全面影响。无论是强调推动社会进化与平民教育，还是强调侧重生活教育与实业教育，杜威的实用主义化的教育理念，可以说在当时的中国全面开花了。

实际上，在此之前，杜威所提倡的民主教育和实业教育理念就已经被广为接纳了。民主教育在中国显现为平民主义教育，此时，杜威所倡导的进步教育体系（progressive education system）已在美国普遍实施。在这种美国式教育模式看来，教育的目的并不在于造就少数学问家，而更在于创造出彼此尊重、和平与互助的现实社会，可见当时中美的教育理念与实践还是相当接近的。

实业教育，就是面对中国工业等实业孱弱的事实，杜威相应地要求，教育要与同经济发展紧密相关之实际事务直接相关，这一点显然是杜威针对中国的现实国情提出的。他在福州青年会的演讲中就提出，教育要与实业相互紧密结合，这种关系主要就体现在：其一，实业机关供学校以研究问题及研究材料；其二，学校培育有相当道德的实业人才。

尽管在1949年之后，奠定了中国现代教育的基本架构的杜威教育哲学就基本被废弃了，但是直到今天，杜威的某些教育理念却仍在起作用，这些影响可以在如下的口号显示出来——“教育即生活”“教育即社会”“从做中学”等等。

特别值得一提的是，本土的教育学家陶行知所提出的“生活即教育”，就是从杜威的“教育即生活”那里翻转而来的；陶行知所提出的“社会即学校”，就是从杜威的“学校即社会”那里翻转而来的；陶行知所提出的“教学做合一”，就是从杜威的“从做中学”那里变化而来的。这些基本主张在如今的教育界也是耳熟能详的。

杜威与中国的教育改革与社会变革，竟然具有如此紧密的关联，这可能是历史的偶然结果，也是中国社会的必然需要所致。本来杜威一家来到中国，正逢中国的新文化运动，这恰是一种历史的机缘巧合，但也正是因为这种社会的变局，使得杜威推迟了返美的计划。1920 年杜威的女儿在《杜威夫妇书信集》的序言中谈到，为争取统一、独立和民主而发动的热烈的奋斗正在中国展开，正是这一奋斗迷住了杜威夫妇，从而改变了他们的回国的计划。杜威自己也曾这样写到，当时年轻的中国人需要西方的知识和方法，以便他们自己独立地运用它们去发展中国，而不是抄袭其他国家，这也正是中国人所要走的一条独立自主的道路。

无论怎么说，这次的中国之行不仅对中国的社会进步是极其重要的，而且，对杜威自己的一生也产生了至关重要的影响。杜威的女儿 1939 年在《杜威传》一书中这样说到，中国仍是杜威所深切关心的国家，仅次于他自己的国家。不管杜威对中国的影响如何，杜威在中国的访问对他自己都具有深刻的和持久的影响。杜威不仅对同他密切交往的那些学者，还对中国人民，表示了深切的同情和由衷的敬佩。杜威从美国到中国，环境的变化如此之大，以至他重燃学术上的热情。

在教育启蒙之外，杜威对中国的社会改造影响深远的还有科学启蒙。不像教育启蒙思想那么马上就能被国人所接受，科学启蒙的思想在中国要生根，起码还要需要相当长的时日。实际上，早自 1915 年，“赛先生”和“德先生”的口号就在那些自由改革家中间颇为流行，“赛先生”就是科学先生，“德先生”就是民主先生。可惜的是，杜威的民主思想并没有更多地被接受下来，比如民主是一种生活方式的观念。在近代中国，这种新观念既没有直接舶来的民主制度那么重要，也没有教育改革来得那么紧迫，所以平民主义教育而非民主观念建设，在中国似乎变得更加切实可行。

杜威的实用主义的基本思想，还是与（以科学与民主精神为核心动力的）五四精神基本合拍的。所以，杜威能够得到当时先进知识分子和新文化运动人士之普遍欢迎。对于这位口才并不好、文风也很平实的思想家来说，这无疑是一种在文化传输过程中的历史的幸运。难怪另一位伟大的英国哲学家罗素，尽管并不赞同杜威的基本思想，但是却赞赏杜威具有美国人那种最强的动人力量。

这种最强的动人力量，从哲学思想上来说就来自杜威的工具主义方法。从 1919 年的 6 月开始，杜威先后在教育部礼堂、清华大学、北京高等师范学校做了 16 次社会与政治哲学讲演，16 次教育哲学讲演，15 次伦理学讲演，8 次思维类型讲演，3 次关于詹姆斯、柏格森（Henri Bergson）和罗素的讲演，这些讲演分别发表在《晨报》《新潮》等报刊上。特别是杜威在北京大学所做的《思想的派别》《社会哲学与政治哲学》等系列的讲演，尽管是关于西方哲学思想史的微观描述，或者是关于社会与政治哲学理论的宏观陈述，但是杜威所主要宣扬的仍是工具主义的实验方法。

有趣的是，杜威本人的这种方法，在当时的中国似乎并没有获得更直接的接受与反应，反倒是他的弟子们，将杜威哲学的独特方法论推广开来。作为杜威在中国的“思想推销者”，1930 年胡适在苏州关于科学人生观的演讲，就强调了科学启蒙方法的普及与运用：一是用科学的实质性内容作为人生观的基础；二是拿科学的态度、精神、方法，作为我们生活的态度与生活的方法。其实，当时的中国思想界还是非常丰富和多元的，以各种不同立场参与杜威相关哲学问题讨论中来的论者还包括陈独秀、瞿秋白、胡汉民、刘伯明、朱经农、夏丏尊、胡愈之、张水淇、朱言均等等。梁启超也曾表示说，中国人宜以杜威哲学为底产生出新的哲学来！

在思想领域方面，当杜威被胡适解读为另一种形态的实验主义的时候，却真的将杜威的思想更多地误读了。照此而论，杜威工具主义思想与中国的交会，也构成了一场历史的误会。胡适早年在美国留学期间，并没有直接到哥伦比亚大学求学，但是他却已经读过杜威、皮尔士和詹姆斯等等实用主义家的原著。他之所以转学到哥伦比亚大学，主要地在于，他原来所在的康乃尔哲学系基本上被新唯心主义学派垄断了。

按照胡适《胡适口述自传》的回忆，詹姆斯死于 1910 年，而皮尔士死于 1914 年，所以胡适认定，自 1914 年以后，杜威可谓是实验大师中的硕果仅存者。杜威的著作也是胡适所倾慕的。在哥伦比亚大学，胡适选修了杜威的两门课，一门是“论理学之宗派”，另一门则是“社会政治哲学”。正是前一门胡适所钟爱的课程，启发胡适选定了他的博士论文的题目，亦即《中国古代哲学方法之进化史》（《先秦名学史》），从而开启了中国哲学史研究之先河。

在《藏晖室札记》自序里，胡适就明确地说，他在 1915 那年的暑假发愤尽读了杜威的著作，从此以后，实验主义成了胡适的生活和思想的一个导向，成了胡适自己的哲学基础。胡适进而承认，他撰写《先秦名学史》《中国哲学史》都是受这一派思想的指导，他的文学革命主张也是实验主义的一种表现，他的早期著作《尝试集》的题名就是一个最直接的证据。晚年的胡适总结自己四十多年来凝结在所有的著述之治学经验，进而认为，他关于中国思想与中国历史的各种著作，都是围绕着方法这一观念打转的，而这一点实在得益于杜威的深刻影响。

事实证明，杜威的哲学方法对中国的思想与历史研究是具有重要的方法论价值和意义的。胡适的学术研究就是一个证明。胡适认为，杜威对系统思想的分析不仅使他对一般科学研究的基本步骤有了深入的了解，而且，有助于他对中国近千年来（尤其是近三百多年来）古典学术和史学家治学的方法（诸如考据学、考证学等等）进行深入了解，从而找到现代科学法则与中国古代的考据学、考证学之间在方法上的共通之处。胡适将这些传统的治学方法英译为“evidential investigation”（有证据的探讨），也就是强调根据证据来加以探讨，这与中国古语所论“无证不信”异曲同工。

胡适在《介绍我自己的思想》一文还曾明言，他的思想受益于两位思想家：赫胥黎与杜威。前者教他怎样怀疑，后者教他怎样思想，从而能使他习得了科学方法的性质与功用。如果说，赫胥黎只是教会胡适充满怀疑，不信任一切没有充分证据的东西，从而处处以怀疑论作为前提的话；那么，杜威则教他处处顾到当前的问题，教他把一切学说理想都看作待证的假设，教他处处顾到思想的结果，从而使胡适真正获得了解决问题的实证化的道路。

那么，被胡适接受的杜威的哲学方法究竟指的是什么呢？我们知道，任何一种思想在文化之间的传输过程当中，都必定产生思想的变异，起码某种思想被不同的语言所表述的时候，就已经产生了微妙的内在变化。同样，胡适对杜威方法的理解，也是建立于本土思想与其个人体会之基础上的。

胡适在《杜威先生与中国》的著名文章当中，把实验主义概括为两个方法论原则：一个是历史的方法，另一个则是实验的方法。杜威将历史的方法称为“祖孙的方法”，也就是重在寻求历史的背景和地位；更为知名的实验的方法，则被胡适归纳为“细心搜求事实，大胆提出假设，再细心求证实”。胡适自己就说得好：信仰比意思更近一层了，意思是完全假设的，意思等到试验对了之后方成信仰，然而信仰并不是一定不易的，须得试验试验才好，这的确是用中国语言把握到了杜威思想的精髓所在。

更具体地来分析，胡适这样来阐释杜威的哲学方法论：

1. 历史的方法——祖孙的方法。他从来不把一个制度或学说看作一个孤立的东西，总把他看作一个中段：一头是他所以发生的原因，一头是他自己发挥的效果；上头有他的祖父，下面有他的子孙。捉住了这两头，他再也逃不出去了。这个方法的应用，一方面是很忠厚宽恕的，因为他处处指出一个制度或学说所以发生的原因，指出他的历史背景，故能了解他在历史上占的地位与价值，故不致苛责。一方面这个方法又是最严厉的，最带有革命性质的，因为他处处拿一个学说或制度所发生的结果来评判他本身的价值，故最公平，又最厉害。

2. 实验的方法。(1) 从具体的事实与境地下手；(2) 一切学说理想，一切知识，都只是待证的假设，并非天经地义；(3) 一切学说与理想都必须用实行来试验，实验是真理的试金石。第一件，注意具体的境地，使我们免过许多无谓的假问题，省去许多无意的争论。第二件，一切学理都看假设，可以解放许多"古人的奴隶"。第三件，实验，可以稍稍限制那上天下地的妄想冥思。实验主义只承认那一点一滴的进步——步步有智慧的教导，步步有自动的实验，才是真进化。

但是，从对实验方法的确认开始，胡适就已经偏离了杜威。我们来看胡适的认定，他将杜威的有系统的思想归纳为五个阶段，也就是我们常说的"五步法"：

第一阶段为思想之前奏。这是一个困惑、疑虑的阶段。这一阶段使思想者认真去思考。

第二阶段为决定疑虑和困惑究在何处。

第三阶段（为解决这些困惑和疑虑）思想者自己会去寻找一个（解决问题）假设，或面临一些（现成的）假设的解决方法任凭选择。

第四阶段，在此阶段中，思想者只有在这些假设中，选择其一作为对他的困惑和疑虑的可能解决的办法。

第五阶段也是最后阶段。思想的人在这一阶段要求证，把他（大胆）选择的假设，（小心地）证明出来那是他对他疑虑和困惑最满意的解决。

胡适所概括的“大胆地假设，小心地求证”的著名话语，实际上已经深得杜威知识工具论的妙义，但与此同时，它又何尝不是一种对杜威思想的中国式的简化呢？胡适曾风趣地说：“杜威先生不曾给我们一些关于特别问题的特别主张——如共产主义、无政府主义、自由恋爱之类——他只给了我们一个哲学方法，使我们用这个方法去解决我们自己的特别问题，这其实也是中国人常说的具体问题具体分析之实用化的哲学方法。”

然而，实用主义在中国，从来就不是以纯学问的面貌出现的，而更多纠缠在中国社会与政治改造之进程当中。此般从美国到中国的社会语境之转变，也使得实用主义或实验主义脱离了美国本土那种科学化的背景，而更多具有了现实化的诉求。当胡适纠结于与论争者们进行“问题与主义”之争，并坚持多研究些问题、少谈些主义的时候，他就已经超出学术范围而更多地进入社会政治的领域了。

那么，为何杜威的实用主义或实验主义会在当时的中国产生巨大影响呢？可以说，并不赞同实用主义思想倾向的瞿秋白之分析是最为到位的。他认为，新文化运动前后胡适的实验主义出现，并不是偶然的现象，这是由于，中国宗法社会因受国际资本主义的侵蚀而动摇，要求一种新的宇宙观与新的人生观，适应中国所处的新环境，实验主义哲学恰恰从积极方面满足了这一要求。

近代中国社会最终选择了马克思主义，实用主义从20世纪中叶反倒成为被激烈批判的靶子。说到实用主义与马克思主义的区分，从社会政治改革的层面来看，就好像是在阐明改良与革命之不同。如果说，面对中国的淤积的病症，从李大钊那里就已经开始的马克思主义，要给旧中国做一场大手术，然后再期待他的新生，就犹如将病患者身上的毒瘤割去；那么以胡适为代表的实用主义则反对此种下一剂猛药的方法，而主张用中医式的熬汤下药的方式慢慢来治疗中国的疾病。更简约地看，李大钊的手术法就是诉诸革命，胡适的中药法则更多地依赖于改良！

其实，在“问题与主义”之争那里，马克思主义对实用主义的最终战胜就已被预设了出来。胡适认为，不应空谈主义，因为主义往往会成为宗派的招牌，然而，一切思想学说都应从实际的生活问题出发，才能寻求最终的解决办法。李大钊的观点则更为辩证，他认为问题与主义之间不能十分分离。从唯物史观出发，李大钊认定，中国的社会问题必须有个根本的解决，而后才可能把一个一个的具体问题都加以解决。

实际上，胡适与李大钊之间的争论，多研究些问题与少谈些主义之间的分歧，并没有表面看上去的那么剑拔弩张。这是由于，无论是实用主义还是马克思主义，都在试图给中国问题以一种现实的解决。胡适到了后来也不得不承认，李大钊所论述的问题与主义的关系才是更合适的，但仍坚定维护自己的自由主义的立场。当时中国动荡的现实局面，大概真的需要李大钊式的根本的解决，主义而非问题，才是最紧迫的解决之道。然而，问题与主义，这二者其实是不可分的，胡适后来也看到了这一点。

杜威与现代中国：实践论思想

从20世纪50年代开始的对胡适思想的批判运动中，杜威作为实用主义的“师爷”也备受诟病，以胡适为代表的中国自由主义思想，在中国大陆从此退出历史舞台。

从历史渊源上看，中国化的马克思主义与实用主义的中国化之间的论争，早在 1919 年著名的“问题与主义”的论战中就已经初现端倪。中国最早的一批马克思主义者坚决倡导以新的主义来改造中国，而中国早期的实用主义者们则呼吁更多人去关注中国的现实问题。如果将这种论争置于社会哲学与政治哲学的视野之内，那么可以说，后者较之前者是更难以赢得中国社会改革者们青睐的。所以，与杜威离开中国的几乎同一时期，中国的社会改革者们就更多选择了马克思主义之革命方式，而放弃了实用主义的改良手段。

有趣的是，在问题与主义的论战当中，由于科学与民主这两面大旗之遮挡，中国的马克思主义与实用主义之间的分歧并没有被充分彰显出来。在 20 世纪 30 年代初期，尽管瞿秋白承认了实用主义在新文化运动中对中国需求之积极满足，但是，他还是将实用主义批判为帝国主义哲学。国际共产主义之所以将杜威作为敌人，那是由于杜威本人的原因，也就是著名的为托洛茨基翻案的事件。当时的中国共产主义者由于受到共产国际的影响，也对杜威采取了全盘否定的态度。在当时的历史阶段里面，在共产党的统治区，实用主义必然成为被批判的对象，而在国民党统治区，实用主义则被当作了对抗马克思主义的思想武器，这真是意识形态利用哲学思想的悖谬现象。

为托洛茨基定罪，其实是斯大林幕后策划与领导的，但是杜威从 1937 年始就莫斯科对托洛茨基案判罪的详情加以审问，并公开了由杜威主编的调查结果：一卷是载于《托洛茨基案》上面的报告书，另一卷是在 1938 年发表的对两方面证词的分析，还有更为重要的就是调查委员会所提出的题为《无罪》的调查结果报告。正是这一事件，使得苏联政府一改以往称杜威为进步人士的态度，转而将之批为帝国主义的反动哲学家，一改以往将杜威作为苏联人民的朋友的态度，转而将之批为苏联人民的凶恶敌人，甚至在美国的左派文化界中，也将杜威指责为托洛茨基分子，也就是所谓的托派分子。这种态度很快在国际社会主义阵营中引起连锁反应，迅速波及了曾与杜威有着千丝万缕关联的中国思想界。

从20世纪中叶开始，杜威被变本加厉地批驳。以曾引领了中国马克思主义思潮的哲学家艾思奇的批判为例，这种批判代表了马克思主义者对实用主义的不遗余力之哲学批判。艾思奇认定，杜威的实用主义是用经验这字眼来掩盖的主观唯心主义，它要把客观的实在任意地涂抹、装扮和制造。辩证唯物主义承认物质生活是人的主观能动作用的前提，而实用主义却相反，人的行为、行动都是通过主观的，但人的主观，他的所见、所思、所欲，却只有在人的主观的外面，才能找到真实的答案。这的确是两种基本哲学立场的差异。尽管如此，马克思主义与实用主义，在回归实际、关注践行的哲学理路上，仍是相当接近的，这是曾经被忽视的。

更要指明的是，杜威的思想与现代中国的实践论思想之间，还是具有高度的近似性与相通性的。这种实践观，之所以成为中国独特之本土思想，恰恰是由于，它是建基在中国古代的实学传统基础之上的。这种实学传统在近代中国就凸显为究竟该如何理解知行合一观。

按照中国传统思想的主流看法，知行合一似乎是个颠扑不破的道理，但是，二者究竟如何合一呢？究竟是知在行前，还是知在行后呢？究竟是知较之行更难，还是知较之行更易呢？

最早谈到这个问题，并将之与中国思想相比拟与对照的，就是现代中国教育学家蒋梦麟。蒋梦麟在1919年3月《新教育》第1卷第3期当中，就写了《杜威之伦理学》的名文。他在论述杜威道德是自动的动作与这种自动动作并无内在之别而有先后之别的时候，谈到杜威这番伦理学的见解，就好像是中国古代心学大儒王阳明《传习录》所论的“知者行之始，行者知之成。圣学只一个工夫，知行不可分作两事”；也近似于王阳明《答友人书》所说的“行之明觉精察处便是知，知之真切笃实处便是行。若行不能精察明觉，便是冥行……所以必须设个知。知而不能真切笃实，便是妄想……”

蒋梦麟进而比较说，王阳明所说的“知与行”，就是杜威所说的“用意与动作”；王阳明所说的“始与成就”，就是杜威所说的“先与后”；王阳明《答罗整庵书》所说的“学无内外，讲习谈论未尝非内也。反观内省，未尝遗其外也”，就是杜威所说的“无内在之别”。所以简单地说，王阳明与杜威都是主张知行合一派。但更可贵的是，蒋梦麟又指明了二者之间的差异，因为王阳明所论的良知是一种特别的机能，只有良知才能知善与恶，而杜威则根本不信这种伦理主张，因为道德既非武断也不是来自形而上学的，这种差异恰恰是讲中外比较学特别需要注意的地方。

正是源于杜威对于行动的强调，也就是对于“做”或 doing 的强调，所以，中国思想者们从杜威那里看到了与中国传统观念极为接近的地方。不过早期的国人对杜威的理解似乎都往往流于片面，如今才到了更为全面理解杜威的年代。

如果说，杜威的思想在创立了中国近代教育体系的教育学家陶行知那里，还是被正面地接受为“行是知之始”的话；那么，在蒋梦麟那里，杜威原本的想法就已经被误解为知先行后了。但无论是正面的接受，还是反面的误解，都是对杜威思想的某种正与反的继承。针对蒋梦麟强调了知的居先性，胡适对杜威的阐释似乎是更为准确的，他认定杜威所讲的活动，自始至终都只是个连串的活动，它本身没有什么内外之别，“知也是外，行也是内”，动机也是活动，“做”的结果也是活动，这也就凸现了“行”在杜威基础经验论当中之本体性的地位。

更鲜为人知的是，杜威与中国近代革命的先驱者孙中山也曾有思想上的交流。时间就在1919年5月20日那一天，刚刚返回上海的杜威，接受孙中山的慕名来访。孙中山与杜威夫妇共进了晚餐，吃饭与否并不重要，关键是他们双方就“行与知”的问题进行了一番东西方思想之间的交流与碰撞，一面是东方的践行派革命家，另一面则是西方的行动派思想家。

表面上，孙中山就知行观求教于杜威，但事实证明，这种思想讨教的结果，带来的却是思想上的双向启发，因为杜威对孙中山所表露的观念非常有感触，所以5月21日他在写给女儿的信中如此记载：“前总统孙逸仙是位哲学家，这是昨晚我在与他共进晚餐时发现的。他写了一本著作，马上就要出版。书中他指出，中国人的软弱是因为他们接受了以往一位哲学家的说法，‘知之容易，行起来却难’。所以他们不愿意行动，而得到一种完全理论性的理解却是可能的。而日本人的力量正在于，他们即便在无知时也去行动，通过自己的错误进行认知。中国人由于害怕在行动中犯错误而无所作为。所以他写这本书以向人们证明，行动要比认知更为容易。”

这就是孙中山根据中国革命的不断实践所提出的非常著名的“知难行易”的思想。孙中山后来也的确成为近代中国一位具有哲学头脑的思想家。

按照现代中国哲学家贺麟的观点，孙中山的这种“以行而求知，因知以进行”的观点更接近朱熹，但最终，知难行易说的归宿仍是知行合一说，朱熹与孙中山也都属于知行合一派。从历史的传承来看，这是从朱熹、王阳明、王夫之而来的一脉相承之中国哲学思维方式，而实际上，孙中山也同样隶继承这一传统思想的脉络，并在近代的意义上发展了这一思想传统。

关于知难还是行难、知易还是行易的问题，实际上，贺麟回答可谓是最为贴切的，他认为“知行合一”应“同其难易”，“盖知与行既然合一”而不可分，则“知难行亦难”，“知易则行易”！

杜威之所以如此赞赏孙中山的知难行易说，恰恰是由于，杜威的经验论的本根性的元素就是“做”，而知不过是行为的工具而已。但是，人们究竟根据什么去行动呢？在这个意义上，如何从实际经验当中去得出认识就变得非常迫切，就像孙中山从革命的屡败屡战当中归纳出新的经验一样。所以，杜威讽刺日本人的做法，就是在一种无知的前提之下去行动，这恰恰与中国人三思而行的固有行为方式是相左的。而杜威的意见似乎更为折中化，一方面他认为，行动无疑是逻辑占先的，但另一方面这种行动又是知行合体之行动。

杜威的具有实验主义色彩的实用理论，尽管从20世纪中叶起曾被中国人唾弃，然而，杜威意义上的“实践是真理的唯一试金石”这种实验理论，到了1978年的中国，一时成为显学化社会思潮。当然，这与当时的中国在马克思主义思想内部所开展的那场关于真理标准问题的全国大讨论是直接相关的，得出的共识就是“实践是检验真理的唯一标准”。但是，“实践是真理的唯一试金石”与“实践是检验真理的唯一标准”，这两种思想所出现的历史语境和所包含思想意蕴仍是相去甚远的，尽管二者在表面的形态上近似，但马克思主义与杜威思想之间，仍然形成了某种内在的呼应。

杜威本人拒绝从实践的角度理解实用主义。杜威自己明言，许多评论者把“实用主义的”（pragmatic）这个词与“实践的”（practical）这个词明显地联系起来，但是他却并不同意这样去做。因为，这些人都认为，实用主义者打算把包括哲学知识在内的一切知识限制在对行动有所促进这个范围之内，他们仅仅把行动或者理解为任何一种身体活动，或者更确切地理解为那些使身体得以保存下来并取得更多福利的身体活动。然而，尽管杜威自我否认实用主义就是“实践主义”，但是二者的近似之处仍比比皆是，这究竟是为什么呢？

杜威将实践理解为行动，甚至仅仅是身体活动，显然与中国的马克思主义哲学所理解的实践并不相同。起码中国的实践哲学当中的实践，是以人类的劳动为出发点，或者说，劳动才是实践的范本。但杜威哲学与中国的实践哲学接近之处还可以细细道来。笔者早就认定，李泽厚的以实践为本的“人类学历史本体论”其实也曾受到了杜威的影响。后来李泽厚本人也承认，他所撰写的以康德哲学为主要研究对象并“六经注我式”地表述自己思想的《批判哲学的批判》，其中就已经深受杜威思想的内在影响，只是由于当时社会政治条件的限制而没有明确这种外来的影响而已。

实际上，杜威与马克思思想本身之间还是有许多近似之处的，但仍需承认，在马克思的实践生活过程与杜威的日常生活经验之间实是有本质差异的。李泽厚认为，马克思与杜威，同样从黑格尔的理性主义脱身出来，走向日常生活的经验与实践，杜威的工具主义理论或如他自称的实践经验主义，恰恰可以看作是卡尔·马克思唯物史观的实践观念非常重要的具体开展和补充，这就明确了二者之间的内在关联。

自21世纪以来，李泽厚本人越来越发现，自己的实用理性与实用主义（主要是指杜威意义上的实用主义），在哲学上有三“同”三“异”。

“同”在于：

1. 两者都反对先验主义，都认为人的认识、道德和审美均由经验而来；

2. 它们都以人类的物质性生存为基础和目标；

3. 它们都非常强调人的操作实践活动，认为理性由此出，理性只是工具，都面向未来。

“异”则在于：

1. 实用理性强调人类生存和活动的超生物性，与生物适应和控制环境有根本的不同，这不同起源于使用—制造物质工具；实用主义漠视这一点。

2. 实用理性强调历史的积累和文化对心理的积淀，认为从这里生发出客观性及普遍必然性的绝对标准和价值，重视历史成果，所以叫人类学历史本体论；实用主义不然，认为有用即真理，一切均工具。

3. 实用理性设定物自体作为经验来源和信仰对象；实用主义否定这一点。

实际上，如果更拓展来看，杜威与李泽厚的思想在经验、社会、实践和符号四个方面观点都非常接近，但在制造工具、积淀说和物自体三方面，又存在着不可忽视的差异。这种差异主要表现在：

首先，在经验论上，他们都反对先验主义，杜威的自然的经验主义与李泽厚（从青年马克思《1844年经济学—哲学手稿》当中借鉴来的）的自然的人化、杜威的经验的自然主义与李泽厚（通过对人化的自然思想的翻转而独创出来）的人的自然化，两相对照是何等地相似。

其次，在社会观上，他们都以人类物质生存作为基础，但是，杜威更强调有机体与环境之间互动的反射弧，进化论思想被置嵌在这种互动观当中，李泽厚则更关注客观社会性的集体实践的历史进程，这都是从马克思的历史唯物主义那里习得的。

再次，在实践观上，杜威强调实践操作的“做”与“经受”的统一，李泽厚则强调实用理性的那种合规律的普遍必然的生产实践。前者在经验论的层面上论述主动与受动的合体，后者则借鉴了康德的思想，凸现出合目的性与合规律性之统一。

最后，在符号论上，杜威将符号活动作为行为样式的交往性质，而李泽厚则关注动作思维与符号生成，符号活动在本质上被视为超生物种族自然性能和超个体的集体意识。

与杜威所强调的生物适应和控制环境不同，李泽厚超越杜威的地方就在于：他强调了制造工具的本源，从而使得实用理性具有了超生物性；他强调了历史的积累和文化对心理的积淀，从而走向了人类学历史本体论；他设定了准先验的物自体作为经验来源和信仰对象，从而与本土儒家的天道最终接轨。

我们最后以中国思想家的李泽厚为例，说明了杜威思想与中国实践论之间的关联。因为李泽厚的实践论思想就是将马克思、杜威与中国传统儒家相互嫁接起来的融合论。内在的理由就在于，马克思的实践、杜威的实用与儒家的实学本身就是可以内在联通与相互阐发的。

杜威与当代中国：生活论思想

在杜威与现代中国的实践观契合之后，杜威与当代中国的生活观居然也是合拍的。这是由于，生活论的思想在当代，特别是在 21 世纪的中国，得以凸现了出来，而杜威也主张“生活即经验”，或者反过来说，“经验即生活”。

杜威哲学既是一种行动哲学，更是一种生活哲学。这种思想的突破，就是将时间范畴引入实在当中，把人的普通生活当作基本的实在。杜威这种思想上的独创，居然比海德格尔标举出“此在”的存在论思想早二十年之久，而且毫无存在主义那种高蹈于神秘之境的虚幻取向。

回到杜威本人的思想那里，可以看到，杜威几乎在他的一生中由始至终对生活智慧关注有加。杜威在1930年发表的记述他自己思想演变的《从绝对主义到实验主义》一文当中，就曾叙述到赫胥黎的思想对自己一生的影响，认定他自己所期望的生活将具有赫胥黎所描述的人类有机体生活的同样特点。同样，孔德关于社会生活的解体的观点，也对杜威产生了长久的影响，杜威由此注意到了社会环境与科学及哲学之间互动的复杂关系。当然，产生更重要影响的还是美国实用主义的先驱詹姆斯，他的《心理学原理》《多元论的宇宙观》与《实用主义》当中的有机体思想，以及从活动中的生活的观点出发来考虑生活的思路，都在根本上也影响了杜威思想的形成。

从这些思想先驱的观念出发，杜威明确认定，“经验就是生活”，而且按照实用主义的基本原则，作为真正实在的生活就是一个涉及预见、假设、观察、试验、调整与完成之完整经验过程。杜威沿着亚里士多德自然主义中的潜能论，认为经验就是一个自然潜能的生长过程，自然与经验之间本有着一种连续性。正是这种连续性的生长过程，决定了生活世界的存在与发展。从时间性角度看，这种生活经验的过程就是把过去与未来凝聚在当下作用中的连续性时间过程。与此同时，杜威的经验观与价值论也是统一的，这是由于，在生活当中一切价值的最后标准就是促进经验的生长与发展。

我们都知道，杜威仅仅把知识看作工具，但是知识作为工具又是为谁服务的呢？答案在杜威看来只能是经验，只能是生活。杜威的思想最终服务的对象就是生活本身。

生活作为有机体与环境之间的交互作用的过程，当面临动荡与困难的阻力因素之时，作为稳定要素的知识就出场来帮助克服阻力，从而使得经验达到它的完满终结，知识也由此获得真理性的证明。由此看来，经验的基本特征就是动荡与稳定因素之混合。杜威在面对中国人介绍他的思想方法的时候，更简明地表述说，实验派思想方法的重要，就在于能为人类找出一种生活的工具来，能够计划预算，指挥一切，一步一步有意识地做去，管理过去与现在，以达到无限希望的将来事业。

既然杜威的行动哲学可以影响到中国化的实践哲学，那么，他的生活哲学也可以塑造另一种中国化的生活哲学，而且，生活论的思路更加接近中国本土的传统，因为中国传统哲学就是作为一种生活之道而存在的。如前所述，杜威明确反对西方思想的两个世界的分离，认为在实验性认知未得到重要进展之前，在哲学尚未根本转向之前：在一个世界中，人类在思考着和认知着，而在另一个世界当中，人类则生活着和行动着，这恰恰是要得以翻转的。中国现代著名哲学家与思想家冯友兰则把这两个世界称为真际与实际的世界，作为一个世界的中国思想的世界，始终在将真际融入实际，从而使道与器处于本然未分之状态。

更为重要的是，杜威真正关注的是生活经验，最终关注的是活生生的人本身。进化论又为早期的杜威提供了一种发生学的方法，使得他更明确地从有机体与环境的交互作用，规定了生活经验究竟能做什么。

从有机体与自然环境互动之连续性、与社会环境互动之同一性出发，杜威所深描出的就是活生生的人及其生活世界，他试图以此来取替在西方占统领的笛卡儿式的二元论，那种本质与现象、行为与结果、劳动与享受等等的二元对立，在杜威的生活经验当中就被本然地消解掉了，或者说，这种两分结构在生活经验那里根本就不存在。当代中国所要建构的生活哲学，也就是从杜威意义上的这种活生生的生活经验出发的一种新哲学形态。

生活哲学绝不像传统的实践论哲学那样建立在主客明显两分的基石上，也不像后来的生存论哲学那样先行割裂了主客之后，再以存在本体来弥合此类的分裂，因为生活经验本身早就超出了主体与客体、感性与理性的二元对立。以生活经验为基石的生活哲学，恰恰可以解决当代中国哲学所面临的西学化困境，特别是二元论与存在论所带来的思想困境。生活经验本身，根本不在二元论与存在论的话语藩篱之内，这就仍关系到经验到底是什么的规定性问题。所以，回到或者接近杜威的思想，可能成为一条最切实可行的中国哲学新路。

更进一步看，杜威对于哲学的理解与儒家智慧的自我理解也是相当近似的。正如当代美国汉学家安乐哲所指明的那样，中国哲人对自我的理解接近于杜威的观点，哲人作为审慎与明智的承载者要去调整各样的局面并去改善人类经验。在中国儒学的原典传统当中，哲学的知远不是对处于日常世界之外与之后的实在的优先性之接近，而是在通过调节现存的条件而试图实现一个世界。这种生活化的思路我们不妨称为生活论儒学或生活型儒学，当代中国的生活论哲学也有着其儒家思想的深厚根基。

所以说，从这种生活经验的角度出发，孔子的《论语》就并不仅仅描绘的是哲人的生活片断，它所描绘的还是哲人在性情气质上的某些特定之惯习。杜威同样也把人生经验和心灵惯习的修养视为其哲学深度的最好尺度。在杜威与儒家的对话当中可以得出这样的结论：孔子的观点是实实在在地在日常生活中被感觉、被体验、被实践、被践履的。孔子关注于如何安排个人的生活道路，而不是发现什么真理，而发现真理恰恰成为西方哲学两千多年来的基本任务之一。因此，从当代的生活哲学出发来重新定位儒家思想其实是非常有道理的，这也是一种从当代视角出发对中国古典思想的视界融合之阐释。

总而言之，前面的四章内容基本聚焦于杜威思想自身的呈现，而这里所关心的则是杜威与中国的思想关联，既包括杜威本人对中国古代、近代思想的阐发，更包含杜威思想与中国现代、当代思想之间业已发生的积极对话的历史成果。

作为20世纪伟大的哲学家，杜威是少数亲自来到了中国并对中国思想产生重大影响，且使中国人获得巨大启发的思想家，而无论是属于“英美分析传统”的维特根斯坦还是属于“大陆存在传统”的海德格尔都没有来过中国。但是，来过还是不曾来过中国，其实并不重要，杜威思想与中国思想之间的天然亲和力，才是关键的，而且需要被中美学者再度发现出来。通过杜威与中国的思想关联，我们可以看到实用主义在中国已经展开、正在发展的独特命运。

所以，在我们关注从美国到中国与从中国到美国的过程当中，杜威思想的发展及其变异就被呈现了出来。当然，美国本土的哲学刚刚兴起的时候，詹姆斯因受聘于欧洲各大学，感到不胜荣幸。但到了杜威思想鼎盛的时代就不同了，美国本土的哲学已经宣告成熟，并对其他文化也产生了横向的影响，这就凸现了实用主义的巨大思想魅力。

如今可以看到，杜威在20世纪初来到了中国，使中西思想产生了一番互动之后，在20世纪末与21世纪初，杜威思想与中国思想之间又开始了新一轮的互动。我们期待着中西哲学之间的深层互动与融合。杜威曾经铭记中国，中国不能忘记杜威！

结语　从杜威革命到革新杜威

在正文中，我们已在论述了杜威的生平之后，对杜威的思想进行了全面的描述和梳理。如果给生平之后的五章内容，分别找到关键词的话，那么，这五章的关键词分别为：

第二章《哲学的改造与改造的新哲学》，关键词是哲学。

第三章《经验的自然主义与自然主义的经验主义》，关键词是经验。

第四章《理智的探究方法与真理的操作手段》，关键词是理智。

第五章《从道德的进化到民主的建造》，关键词是社会。

第六章《杜威与中国》，关键词是中国。

结语部分，我们还要关注的是，杜威的思想在全球化之最新的方面，这关系到21世纪全球哲学的最新拓展。

毋庸置疑，正如美国的另一位思想家桑塔耶纳（George Santayana）所说的那样，美国人不管其口头上拥护的是什么样的哲学，骨子里都是实用主义者。这意味着，只有实用主义思想，才是美国建国将近二百五十年以来，所形成的一种民族精神的象征，而杜威无疑就是这种美国精神的真正代表。

杜威通过他的哲学的改造试图改造哲学，并自认为这是在实现一场“哥白尼革命”。“哥白尼革命”在哲学史上通常被归至于康德的伟大哲学转向：以心灵的结构取代世界的结构的转向。按照当代欧美分析哲学的看法，20世纪后半叶占绝对主导的分析哲学则实现了另一个转向，也就是以概念结构取代心灵结构。那么，被重新发现与发展的杜威思想，究竟会给人类思想带来何种新的转向呢?

杜威在当代的复兴，就是在所谓的“后分析哲学”之语境当中出现的。人们再度意识到杜威哲学转向的深刻意义，这就引发了所谓“新实用主义”（new pragmatism）的兴起。

然而，杜威不仅仅是属于美国的，他同时也是属于世界的。

如今，在全球范围内，已经出现了所谓的杜威复兴与复兴杜威的迹象。

首先，在美国本土，新实用主义在各个领域都呈现了位居主流的趋势。所谓“新”实用主义，就是对以杜威为代表的“旧”实用主义的各种翻新版本。新实用主义哲学的最重要代表之一理查德·罗蒂，就将杜威作为他思想的最主要代表，而他用这种新的实用论思想，来对抗在20世纪整个后半叶占据西方哲学界绝对主宰的分析哲学。在美国哲学系的学院派当中，诸如斯坦利·卡维尔（Stanley Cavell）这样的当代典型的美国著名哲学家，也试图以实用主义为基础，来融合分析与大陆的思想传统。

可见，这种思想的翻新与创新，在美国新大陆已是为大势所趋。

其次，在欧洲大陆，大陆传统与英美分析传统在长达一个世纪的绝缘之后，逐渐开始展开积极对话，被阐发了的杜威思想也参与了这种交流，从而形成了一种三元整合的局面。当代德国著名哲学家哈贝马斯就深受杜威思想的影响，另一位德国哲学家卡尔-奥托·阿佩尔（Karl-Otto Apel）也试图沟通现代哲学解释学与分析哲学，在他的思想当中也有实用主义的思想来源与基本成分。

可见，这种思想的融合与交汇，在欧洲旧大陆也已是大势所趋。

最后，实用主义的复兴不仅仅出现在美国和欧洲，在东方国家里面也产生了一定的影响。然而，任何一种互动都不是单向的，都需要在本土的基础上给出积极的回应。杜威思想与中国之间的互动，就是其中一个最有趣的例证。

可见，这种思想的碰撞与交融，在东方古大陆已经是大势所趋。

胡适在《杜威先生与中国》一文中就曾这样总体评价杜威：自从中国与西洋文化接触以来，没有一个外国学者在中国思想界的影响有杜威这样大。实际上，这种最深入的影响，在胡适将杜威思想介绍到中国来的那个时期毫无疑义，在随后的时代，似乎也可以认为，杜威是除了马克思主义经典作家之外，对中国思想产生了最为深刻影响的外来思想家。因为几乎没有任何一位外来思想家的影响可以望其项背，无论是“唯意志主义者”尼采、叔本华（Schopenhauer），亲自来到中国播撒思想的逻辑实证主义者罗素，还是让德国哲人杜里舒（Hans Driesch）代替他来的生命哲学家柏格森，都无法与杜威的影响相媲美。

杜威不仅仅希望改造哲学、改造经验和改造社会，与此同时，也希望对中国的改造产生积极的效果。

这是一位真正代表了美国的哲学家对中国的期待，这也是杜威曾经肩负起来的历史责任。胡适还说，杜威先生真爱中国，真爱中国人。杜威本人也称，他的中国之行，乃是他一生中所做过的最有趣的和在智力上最有用的事情。

杜威及其两位家人，在中国传播思想两年之后，即将离开中国之际，面对前来饯行的中国学生朋友，面对在场中国人，其实也是面对所有的中国人，说过一段意味深长并充满感情的话，我们就以这段发自肺腑的话来结束这本书：

> 这个两年，是我生活中最有兴味的时期，学得也比什么时候都多。中国是一个教育的国家，外面来的人能在知识上引起好奇心，感情上引起好理想，并且也能引起同情心，故到中国来旅行者很是有益。我向来主张东西文化的汇合，中国就是东西文化的交点，我相信将来一定有使两方文化汇合的机会。我们此次从南边回来，将到北京，三个人都有同样的感觉，仿佛是到家了。我希望将来再能到北京来，并且将到北京城的时候，也必有与此次同样的感觉，觉得是到家了。

附　录

年　谱

1859 年　生于美国佛蒙特州的伯林顿。

1872 年　进入伯林顿高级中学就读。

1875 年　进入佛蒙特大学就读。

1879 年　在宾夕法尼亚州任中学教师。

1881 年　在佛蒙特州任教于乡村学校。

1882 年　发表第一篇哲学论文《唯物主义的形而上学假设》。

1884 年　以《康德的心理学》获得博士学位。

1884 年　进入密歇根大学哲学系任教。

1886 年　与艾丽斯·奇普曼结婚。

1887 年　出版第一本专著《心理学》。

1888 年　任明尼苏达大学哲学教授。

1889 年　在老师莫里斯逝世后回到密歇根大学任哲学系主任。

1889 年　任密歇根大学哲学学会主席。

1894 年　转任芝加哥大学哲学系与心理学系。

1894 年　到欧洲旅行。

1895 年　出席哲学俱乐部大会。

1896 年　任芝加哥大学实验学校董事。

1897 年　被选为赫尔住宅联合会理事。

1899 年　当选美国心理学会会长（1899~1900）。

1902 年　正式被任命为教育学院总监、哲学系主任。

1903 年　任国家师范教育学院协会主席。

1904 年　由于实验学校的归属问题离开芝加哥。

1904 年　在哥伦比亚大学谋得教职。

1904 年　威斯坎丁大学授予其法学博士学位，并去欧洲旅行。

1905 年　当选为美国哲学协会会长（1905~1906）。

1910 年　当选为美国国家科学院院士。

1914 年　在哈佛哲学俱乐部做讲演。

1915 年　号召建立“全美大学教授协会”。

1916 年　接受美国物理教育学会会长一职。

1919 年　在日本东京帝国大讲学。

1919 年　在中国各地讲学并延长在华时间到 1920 年。

1921 年　从日本回国。

1924 年　赴土耳其协助教育改革。

1928 年　应邀访问苏联。

1929 年　出席杜威 70 岁生日纪念大会。

1929 年　任进步教育学会荣誉会长。

1931 年　在哈佛大学做讲演。

1932 年　获哈佛大学荣誉法学博士学位。

1932 年　被选为国家教育学会荣誉主席。

1935 年　“杜威学会”成立。

1937 年　前往墨西哥任莫斯科审判托洛茨基案调查委员会主席。

1939 年　中止哥伦比亚大学名誉教授教职。

1939 年　到伯林顿出席自己生日庆祝会。

1940 年　为罗素任教美国一事编印抗议文集。

1941 年　任拉丁美洲文化联合委员会主席。

1946 年　获宾夕法尼亚大学荣誉科学博士学位。

1949 年　最后一本著作《认知与所知》出版。

1949 年　出席 90 岁生日宴会。

1951 年　获耶鲁大学荣誉文学博士学位。

1951 年　获罗马大学荣誉博士学位。

1952 年　因肺炎去世，享年 93 岁。

主要著作

《心理学》（*Psychology* , 1887）

《我的教育信条》（*My Pedagogic Creed*, 1897）

《学校与社会》（*The School and Society*, 1899）

《儿童与课程》（*The Child and the Curriculum*, 1902）

《我们如何思维》（*How We Think*, 1910）

《民主与教育》（*Democracy and Education*, 1916）

《哲学的改造》（*Reconstruction in Philosophy*, 1920）

《人性与行为》（*Human Nature and Conduct*, 1922）

《经验与自然》（*Experience and Nature*, 1925）

《公众及其问题》（*The Public and its Problems*, 1927）

《确定性的寻求》（*The Quest for Certainty*, 1929）

《新旧个人主义》（*Individualism Old and New*, 1930）

《哲学与文明》（*Philosophy and Civilization*, 1931）

《艺术即经验》（*Art as Experience*, 1934）

《一种共同信仰》（*A Common Faith*, 1934）

《自由主义与社会行动》（*Liberalism and Social Action*, 1935）

《经验与教育》（*Experience and Education*, 1938）

《逻辑：探究的理论》（*Logic：the Theory of Inquiry*, 1938）

《自由与文化》（*Freedom and Culture*, 1939）

《评价理论》（*Theory of Valuation*, 1939）

《人的问题》（*Problems of Man*, 1946）